不遺憾的力量

堅強鼓起勇氣，堅持突破阻礙，堅定面對挑戰！

人生就像一則則的故事，
覺得自己的無聊，就參考別人的。
坐看雲起雲落，花開花謝；故事都說完了，你會快樂。

目錄

前言

世界上許多事情我們可以選擇去做，但是這並不意味著你去做了，就可以成功，因為在這裡面而有著太多我們不可預見的因素。

聰明的人，往往有自己的選擇，因為人生的全部意義就在於你能夠完成自己的事，這其實是一生中最幸福的事。我們每個人的能力有大有小，追求的目標也不盡相同，思維的方式更不一樣，所以每個人總應有自己的人生特質，才能選擇最佳的成功方案。但生活中很多人往往不明白這一點，總以為模仿別人，就是成功的方式。

我們的人生就是一則故事，我們的周圍總會有許多值得借鑒的故事，故事中的智慧讓我們開悟，故事中的道理讓我們明白人生。

故事有的時候就像一幅畫卷，把乾癟的道理加以潤色，要麼變得濃墨重彩，要麼變得淡若浮雲。當我們看著生動的故事，我們就會和故事中的主角一起經歷成功的喜悅，面對機遇的挑戰。

看完故事也許你會點頭，因為你讚賞主人公超凡的膽識、驚人的毅力、過人的智慧；也許你會歎息主人公的一時不慎，為他滿盤皆輸的下場感到惋惜。

而當你閉上眼，故事中的那些男女老少等人物又會從腦海閃過，其中的道理也滲透到你心中。本書就是一部用故事鼓舞人心、奮發向上的勵志書，書中引用了大量小故事，從信念、理想、誠信等十個方面解讀人生哲理，幫助讀者摸索出屬於自己的成功之路。

第一章　堅定信念，人生成功的開端

1　信念是一面旗幟

很多人的一大通病就是缺乏堅定的信念，但是羅傑．羅爾斯卻是一個例外，他把堅定的信念作為自己的一面旗幟，始終在自己的心中飄揚。

美國自從建國以來，還沒有一個黑人能夠站在政壇之上，而美國紐約州第一位黑人州長羅傑．羅爾斯卻打破了這個歷史的神話。

羅傑．羅爾斯出生在美國紐約聲名狼藉的大沙頭貧民窟，這裡是骯髒和暴力的象徵，是流浪者和偷渡者的聚集地。在這裡出生的孩子也都耳濡目染，他們從小就不好好念書，總是翹課、打架、偷盜，甚至是吸毒，他們長大以後也很少有人從事比較體面的工作。然而，羅傑．羅爾斯卻是個奇蹟，他不僅考上了大學，而且還成為了紐約州的州長。

在一次記者招待會上，有一位記者向羅傑．羅爾斯提問：「是什麼把你推上紐約州州長的寶座的？」面對幾百名記者，羅傑．羅爾斯對自己的奮鬥史沒有提及一個字，而是談到了一個人，他叫皮爾．保羅，那是他上小學時的校長。

皮爾．保羅在一九六一年被聘為諾必塔小學的董事兼校長。當他走進大沙頭諾必塔小學的時候，發現這裡的窮孩子不僅僅是「迷惘的一代」，甚至比「迷惘的一代」還要無所事事。

他們從不與老師好好合作，喜歡曠課、鬥毆，甚至將教室裡的黑板砸爛。皮爾·保羅想了很多辦法來引導他們，可是一點成效都沒有。後來他發現這些孩子們有一個共同的特點，那就是迷信，於是在他上課的時候就多了一項給學生們看手相的內容，用這個方法來鼓勵學生好好學習。

當羅傑·羅爾斯從窗台上跳下，伸出手指向講台走去。皮爾·保羅對他說：「我一看你修長的小拇指我就知道，你將來一定會成為紐約州的州長。」當時，羅傑·羅爾斯大吃一驚，因為長這麼大，只有他奶奶說他可以成為五噸重的小船的船長，這已經讓他非常振奮了，而這一次，皮爾·保羅先生竟說他可以成為紐約州的州長，這一點非常出乎他的預料，他暗暗的記下了這句話，並一直相信著它。

自從那天以後，「紐約州州長」就成為了他心中迎風飄揚的一面旗幟。羅傑·羅爾斯說話時再也不夾雜汙言穢語，衣服上也不再沾滿泥土。他在走路的時候開始挺直腰杆，在這以後的四十多年裡，他每天都按州長的標準來要求自己。在他五十一歲那年，他終於成為了紐約州的州長。

● **微心靈諮商**

信念能夠值多少錢？信念其實根本不值錢的，它有些時候可能只是一個善意的謊言，但是，如果你能夠堅持下去，那它就會迅速的增值。在這個世界上，信念是任何人都能夠免費獲得的，所有的成功人士，在最開始的時候都是以一個小小的信念為開端的，信念是所有奇蹟的萌發點。一切幸運並不是沒有煩惱，一切厄運也並不是沒有希望。只要堅定信念，把信念當作一面旗幟，厄遠與困難就都能夠迎刃而解，煩惱和痛苦也都會煙消雲散。

2　不以物喜，不以己悲

有一個在美國留學的學生向自己的朋友和同學們，講述了他自己對問題看法的變化與發展歷程。

他由於成績優異，考上了的一所知名中學。他進入中學以後，發現自己再也不能像以前那樣穩拿第一了，於是嫉妒心理開始在他的內心蔓延。原來比自己好的同學都有較好的鉛筆，而自己卻沒有，他覺得這很不公平。於是發憤學習，經過幾年的苦讀，他居然成為了這個中學的第一名。而他卻又覺得人與人之間還是不平等的，因為自己沒有別人都擁有的鋼筆。

中學畢業之後，他考上了一所知名大學，但是好景不常，他的成績連中等都算不上了。他看到城市裡的同學有好多名貴的筆，早餐是牛奶蛋糕，晚餐是水果茶。回頭再想想自己，早上連一個饅頭都捨不得吃完，還要留一半晚上接著吃，實在是太不公平了。

幾年之後，他有機會去了美國留學，親眼目睹了西方世界的五光十色，所有的自卑、嫉妒和怨恨都一掃而光。因為自己的比較標準發生了變化，眼中看到的不再是同學、朋友和鄰居，看到的是整個世界。

有的人可以攜起手來在太空中漫步，而有的人卻總是在井底打架。坐井觀天式的打鬥，換來的只能是故步自封的結果。當你轉換一個角度看問題時，你就會發現一個不一樣的世界。

人活在這個世界上，有一件事是非常重要的，那就是自己要看得起自己，別人對自己的看法都是次要的。

無論是在學習中、生活中還是工作中，只要你肯好好做，是金子總會有發光的那一天。

生活中如此，工作上也一樣，只要好好做，是金子總會發光的。可是，當我們面對生活的挫折和不平坦道路的時候，我們卻常常把自身貶低。

在戰國時期，有一個老翁住在長城外。有一天，老翁家裡養的一匹馬不見了。在塞外，運輸的主要工具就是馬，所以，鄰居都來安慰這位老翁，而他卻很不在乎說：「這未必就是件壞事！」過了一段時間，那匹跑丟的馬竟然自己回來了，不僅如此，還帶回來一匹胡人的駿馬，不僅沒有虧本，還賺了一匹馬。鄰居們聽說之後都來祝賀，這位老翁卻說：「這倒未必就是好事！」

有一次，老翁的兒子騎著這匹駿馬結果摔斷了腿，可是半年以後，胡人入侵，壯丁們都被抓去當兵，大部分人最後戰死在了沙場上，而老翁的兒子則因為騎馬摔斷了一條腿而保住了一條命。

塞翁失馬的這種利弊並重、透過長遠時空思考的方式，自然就形成了「不以物喜，不以己悲」的平常心，也就成為了傳統文化中睿智的典型，這種平常心可以使社會變得更加和諧。

● 微心靈諮商

世界上的路是走不完的，河也有過不去的，遇到過不去的河可以掉頭往回走，這何嘗不是一種智慧呢？但是真正的智慧不會因為小小的挫折就變得灰心喪氣，最終使自己的人生腳步也受到影響。縱觀古今中外，抱有「不以物喜，不以己悲」生活信念的人，他的人生最終都實現了突圍和超越，只有這樣，事業才能夠成功。

3 態度決定成敗

如果你沒有出身名校的高學歷和顯赫的家世，那唯一能夠打開勝利之門的金鑰匙就是「態度」。

英國報紙曾經刊登過一張照片，照片上是英國王子查爾斯和一位街頭遊民的合影。這段相逢很具有戲劇性，原來，查爾斯王子在一個寒冷的冬天去拜訪倫敦的窮人，卻在路上遇到了以前的校友，這個校友叫克魯伯·哈魯多，他是個街頭遊民。他說：「王子殿下，我們曾經在同一所學校就讀。」王子反問：「是什麼時候的事了？」他說：「在山丘小屋的高等小學，我們還彼此取笑過對方的大耳朵。」

英國王子的同學淪落街頭，這是人生的一段巧遇，而這段巧遇又顯得那麼無奈。克魯伯．哈魯多出身於金融世家、在貴族學校就讀，後來成為了一名作家。老天也送給了他「家世」和「學歷」這兩把金鑰匙，讓他很快成為一個成功者，但是經過兩次失敗的婚姻之後，克魯伯．哈魯多開始酗酒，最後由一名作家變成了街頭遊民。是什麼打敗了克魯伯．哈魯多呢？難道是他兩次失敗的婚姻嗎？答案是否定的，是他的態度打敗了他。自從他開始放棄「正面」態度的那一刻起，他就把他的一生都給輸掉了。

如果「家世」和「高學歷」是一個人邁向成功的兩把金鑰匙，那麼，我們可以說「態度」就是那最關鍵的第三把金鑰匙。

態度比你的天賦、技能和外表更加重要，它可以使一家公司建立，也可以令一家公司毀滅。在總經理級人物的問卷調查中，大部分人表示，並不是什麼特殊才能使他們達到目前的地位。在這些人當中沒有一個人在上學時名列前茅，他們之所以能夠達到目前的地位憑藉的都是他們的態度。在你的人生中，如果你已經失去了擁有第一把與第二把金鑰匙的機會，那麼你就必須取得第三把金鑰匙的主控權。

一樣是做牙醫，有的人卻能把牙醫的服務做到五星級的水準。臺灣有一個名叫永豐棧的牙醫診所，這是一家標榜「看牙可以很快樂」的診所。院長呂曉鳴醫師說：「看牙醫不一定就是痛苦的，我與我的合作夥伴要開一個能讓每一個人都快樂、滿足的牙醫診所。」一進診所的門，就能看到寬敞舒適的等待區，在看牙之前，你可以坐在沙發上，在輕柔的音樂聲中品嘗一杯香濃的咖啡。進入真正看牙過程時，你還可以感受到硬體的貼心設計，每個會診間不僅寬暢明亮，還一律安裝了空氣清淨機。漱口水是經過滲透處理過的純淨水，如果你是第一次掛號看牙，還會為你拍下口腔牙齒的全景X光片，最後還可以免費洗牙和塗氟。如果你們是一家人一起去看牙，還可以提供全家一起看牙的特別室。在軟體方面，患者一漱口，女助理立即體貼的主動為患者將嘴角拭乾。拔牙或開刀後的當天晚上，醫生或女助理一定會打電話到病患者家裡慰問病人的狀況。曾經有一位殘障人士到永豐棧診所拔牙，拔完牙晚上回家正在洗澡，突然聽到了電話鈴的響聲，他艱難的爬到客廳接電話，聽到是永豐棧慰問的電話後，他感動得熱淚盈眶：「這輩子我都被人忽視，從來沒有人這樣關心過我。」從一開始就為患者提供感動的服務，呂曉鳴的態度不僅贏得了市場，也增強了自己的競爭力。雖然診所位於一座商業大樓的六樓，但永豐棧牙醫診所一開業眾多媒體就競相報導。還有的客人從百里以外的地方趕來就診。呂曉鳴的永豐棧診所在競爭激烈的市場環境中，創造出了牙醫師的附加價值。

一位擁有英國、美國名校雙碩士學位的留學生回國後，近半年時間都沒有找到工作，其主要原因是他不願屈就於一般的工作。如果那些擁有碩士、博士學位的白領階級，有像藍領那樣追求完美的態度，就可以創造更高的成就。總而言之，當我們在紛繁複雜的社會中生活的時候，態度是走向成功的那把最重要的金鑰匙。

● 微心靈諮商

可以創造價值的並不只有知識，百分之百的態度可以讓你成為駕馭知識的優勝者。世上無難事，只怕有心人。做任何事情都必須下定決心，不怕吃苦，不怕勞累，只要你端正了態度，並認真去做了，事情總會有結果。世上沒有做不好的事情，只有態度不好的人。做任何事情，都要有一個好的態度。有了好的態度，對工作、對他人、對自己都會表現出熱情、熱情和活力；有了好的工作態度，你就不怕失敗，即使遇到挫折也不氣餒，而是充滿面對人生的勇氣，這樣的人一定會、也一定更容易在事業和生活中取得比別人更好的成績，比別人更容易走向成功。

4　信念成就一切

喬治·赫伯特是美國一家公司的推銷員，他成功把一把斧頭推銷給了小布希總統，布魯金斯學會得知這一消息後，授予了他一個刻有「最偉大的推銷員」的金靴子。這是自布魯金斯學會的一名學員成功將一部微型答錄機賣給尼克森總統之後，又一名學員邁過了這麼高的門檻。

創建於一九二七年的布魯金斯學會，所培養出來了推銷員都是世界上最傑出的。布魯金斯學會有一個傳統，那就是在每期學員畢業的時候，都會設計一道實習題，讓學生去完成，這道實習題最能展現推銷員實力的。在柯林頓擔任美國總統期間，他們出了這麼一個題目：請把一條三角褲推銷給柯林頓總統。在過去的八年時間裡，無數的學員為此絞盡了腦汁，最後都無功而返。在柯林頓總統卸任後，小布希總統上任。隨後布魯金斯學會又把題目改成了：請將一把斧頭推銷給小布希總統。

因為前八年的失敗和教訓，許多學員都知難而退，有些學員甚至還認為這道畢業實習題也會像柯林頓總統當政時那一道實習題一樣無功而返。因為總統什麼都不缺，就算是缺，也用不著他親自去購買；就算是他親自購買，也不能保證你去推銷的時候他就買。

但是，有人做到了，這個人就是喬治．赫伯特，而且並沒有花太大的工夫。他在接受記者採訪的時候說：「我認為，把一把斧頭推銷給小布希總統並不是不可能的。因為小布希總統在德克薩斯州有一座農場，農場裡長著很多的樹。於是我就寫了一封信給他。我的信是這樣寫的，有一次我很榮幸的參觀了您的農場，發現那裡長著許多漂亮的樹，可是有些已經死掉了，而且木質已經變得很鬆。我想您一定需要一把小斧頭，但是從現實的角度來看，這種小斧頭顯然不夠分量，因此您需要的是一把比較鋒利的老斧頭。現在我這裡正好有一把這樣的斧頭，這把斧頭是我祖父留給我的，很適合砍伐枯樹。如果您對這把斧頭有興趣，請您按這封信所留的位址進行回覆。後來，小布希總統就匯款給我購買斧頭的十五美元。」

喬治．赫伯特將斧頭成功賣給總統之後，布魯金斯學會對他進行了表彰。布魯金斯學會會長說：「金靴子獎已經設置了二十六年，在這二十六年裡，布魯金斯學會培養出了成千上萬的推銷員，也造就了幾百個百萬富翁，但是這個金靴子獎並沒有頒給他們，其原因是我們一直在尋找一個從不因某件事情難以辦到而失去自信，不會因為有人說某一目標不能實現而放棄的人。」

●微心靈諮商

在我們的生活中，很多時候不是因為有些事情難以做到，我們才失去了自信；而是因為我們失去了自信，有些事情才難以做到。如果我們多具備一點喬治·赫伯特的自信，那我們也許就會獲得很多意外的成功，這樣，我們也就少了一些懊悔與惋惜。有些夢想最初聽起來確實令人瞠目結舌，然而只要朝著目標去奮鬥，一點一滴的去累積、去努力，夢想總會成為現實，甚至還會創造奇蹟。

5 信念——生命的動力

有一個人獨自穿行在茫茫的沙漠中，一場突如其來的沙塵暴讓他迷失了方向，這都不算什麼，更可怕的是他身上所帶的食物和水都已經用完了。他翻遍了所有的行李和身上所有的口袋，最後只找到了一個蘋果。

他驚喜的喊道：「太好了，我還有一個蘋果。」

他把那個蘋果緊緊握在手裡，深一腳淺一腳的向前走著，尋找出去的路。整整一天一夜過去了，他還是沒有找到出去的路，還在大漠裡苦苦的尋找著，乾渴、飢餓、疲憊一下子湧了上來。看著那一望無際的沙漠，有很多次他都覺得自己快堅持不下去了，可是看一眼手裡的蘋果，就又增添了一些力量。他頂著炎炎的烈日，繼續在沙漠裡跋涉。

已經不知道摔了多少個跟頭了，每一次摔倒他都掙扎著站起來，踉蹌著一點點向前移動，並不斷在心裡對自己說：「我還有一個蘋果。」

就這樣，在三天之後，他終於走出了這茫茫的沙漠。

在草原上有一個叫阿巴格的人。在阿巴格還小的時候，有一次他和爸爸在草原上迷了路，阿巴格很害怕，到最後也快走不動了。這時爸爸從衣服口袋裡掏出了五枚硬幣，把其中的一枚硬幣埋在了草地裡，把剩下的四枚硬幣放在阿巴格的手裡，說：「人的一生有五枚金幣，在童年、少年、青年、中年、老年各有一枚硬幣，你現在才用了一枚，就是埋在草地裡的那一枚，你不能把五枚都埋在草原裡，你要一點點的用，每一次都要用出不同來，這樣一生才會有價值。人活著，就要多走些地方，到處看看，世界還很大，不要讓你的金幣沒有用就扔掉。」阿巴格終於在父親的鼓勵下走出了草原。

在阿巴格二十五歲的時候，他在電視上看到了大海，於是他做出了一個決定，他要走出草原。於是他把第二枚硬幣埋在了草原上，帶著剩下的三枚硬幣，一個人乘車來到了城市，他成為了一名水手。他一生最大的夢想，就是能夠擁有一條屬於自己的可以遠洋的一百馬力以上的鐵船。他為了這個夢想一直在不停的努力著。

在他來到城市的第九年，他用存下的錢買下了一條十二馬力的新木船。結果沒多久，有一次和兩位漁民一同出海，結果木船出了故障，他們在海上漂了七天七夜，船上的東西都已經吃完了，在幾乎堅持不下去的時候，他給另外兩個漁民講了他小時候的故事。故事講完之後他說：「我還年輕，我還有人生的三枚金幣，我不能就這樣把他們扔到大海裡，我一定要活下去。」

就在這個故事講完的十幾個小時之後，他們真的活著回去了。在海上漂泊了七天七夜，船上沒有一點食物，他們竟然靠著船長小時候的故事，靠著堅韌的求勝欲望活著回到了陸地上。

●微心靈諮商

在我們人生的旅途中，經常會遇到各種各樣突如其來的困難和挫折，遭遇很多意想不到的困境。這時我們一定要堅信沒有什麼風雨是不能穿過的，沒有什麼危險是不能渡過的。我們不能輕言放棄，信念是迷霧中的導航燈，是黑暗中的燈塔，只要心中存在著那盞希望之燈，任何難關都能夠渡過。

6　不要讓現實將理想磨平

西元一八五四年初，湘軍水陸師一萬七千人在湘潭會師，準備聲討太平天國，誓師出戰儀式一結束，部隊就向西進攻太平軍。結果遭遇了太平軍的猛將石達開，接連失敗。曾國藩非常的氣憤，第一次投江自殺，被屬下救了起來。後又經過幾場戰爭，在湘潭獲得了大勝，開始進入反擊，藉機收復了很多失地。後又兵分三路向東進攻，突破了田家鎮防線，後因水師冒進，北太平軍阻截，長江湘軍水師接連敗退，曾國藩率領殘餘部隊退至九江以西的官牌夾，結果被太平軍圍困。曾國藩第二次跳江自殺，又被屬下救起，最後只能退守南昌。

在又被太平軍打敗之後，朝廷開始催報戰況，曾國藩在無奈之下只能向朝廷如實彙報，一方面彙報情況，一方面尋求策略，請求增援。當時他寫了這樣一句話：「臣屢戰屢敗，有愧聖恩……」，他的幕僚周中華看後覺得不妥，於是在「屢戰屢敗」四個字後面又加了四個字「屢敗屢戰」！雖然這四個字只是順序的顛倒，但卻將敗軍之將轉變成了一個英雄。同樣的四個字，用法不同，其含義的差距何止千里。

曾國藩在看到這四個字後，沉思了好一會，最後終於是眉頭舒展，微笑著對幕僚說：「中華果然是個奇才，這顛倒之間便有了不同的意境，當真是一字千金啊！」

周中華聽後淡淡的一笑，然後說道：「恩師學究天人，只是身在局中，關心則亂，中華遊戲文字，不值一提。」過了一會兒他又說道：「百戰艱難，勝敗乃兵家常事，恩師應將『屢敗屢戰』作為座右銘，這樣就能夠逢凶化吉。」

曾國藩聽後奮筆疾書，不一會工夫就將一份奏摺擬好了。在奏摺中，曾國藩敘述了他在與太平軍作戰時獨立支撐、屢敗屢戰，最後把握戰機，果斷出擊，在湘潭大敗太平軍。由此一來，靖港之敗就成了「屢敗」中的一場小敗，而湘潭大捷則變成了他苦心經營的成果。

自從太平軍叛亂開始，朝廷吃的敗仗已數不勝數，但像湘潭大捷這樣的勝利還是鳳毛麟角。這次大捷對於此時頹廢的形勢猶如一支「強心針」，很能提升軍隊的士氣。

朝廷看到奏摺之後對湘潭大捷著實誇獎了一番，並授權曾國藩可以視軍務之需，調遣境內巡撫以下的所有官員。

就這樣，慘敗無數，還差點因此而自殺的曾國藩，不僅在和太平軍的戰鬥中打了勝仗，更在官場之中打了一個大勝仗，他成為了那個笑到最後的人。

此後，曾國藩用兵更加謹慎，戰前必當深謀遠慮，最終將太平天國的叛亂給平定了。

● 微心靈諮商

屢敗屢戰是挫折中的執著和不氣餒，是希望和勇氣。人在成長的過程中，遇到失敗是很正常的，在失敗中，我們不能被挫折所擊倒，更不能輕言放棄。失敗是學習和吸取經驗教訓的機會，是下一次努力的台階。只有這樣的人才能在遭遇到挫折之後，克服內心的障礙和恐懼，從而具備了堅強的意志和聰明的智慧，成為一個擁有「屢敗屢戰」精神的鬥士，只有這樣才能取得最後的成功。

7　不要在離成功只有一步地方放棄

有一個剛剛畢業的大學生，他的第一次面試讓他記憶極為深刻。

那一天，他接到了一家著名廣告公司的面試通知，他非常高興，興沖沖的前去面試。當時的他對自己充滿了信心，因為他專業成績非常的好，而且每年都拿獎學金。面試地點在一座大廈的十八樓，當他到達大廈的一樓大廳時，他看了看時間，距離面試的時間還有十分鐘。

公司所在大廈的管理非常的嚴格，兩位精神抖擻的保全站在門口的兩側，他們之間的條形桌上放著一塊醒目的牌子，上面寫著：來客請登記。然後他向前詢問：「先生，請問 1806 號房間怎麼走?」保全沒有說話，拿起電話，過了一會說：「對不起，1806 號房間沒有人。」

學生急忙說道：「不可能吧，他們叫我今天過來面試的，您看，我這裡還有面試的通知呢！」

那位保全又撥了幾次：然後對他說：「對不起先生，1806 房間確實沒有人，所以我們不能讓你上去，這是我們的規定。」

時間在一分一秒的流逝，學生心裡非常的著急，可是他沒有辦法，只能耐心的等待，同時祈求電話能夠快點接通。他怎麼也沒有想到，自己第一次面試就吃了一次「閉門羹」。面試通知上寫的很明確，遲到十分鐘，就會取消面試資格。他在那裡猶豫了很長時間，結果還是沒辦法，只能自認倒楣，滿懷悲痛的心情回到了學校，當天晚上，他收到了一封電子郵件，郵件上是這麼寫的：「先生您好，也許你還不知道，其實今天下午的時候，我們就在大廈的一樓大廳裡對你進行了面試，但是很遺憾，這次面試你沒有通過。當時您應該注意到，那位保全其實並沒有撥號，而且大廳裡還有其他的公用電話可以撥打，你完全可以自己進行詢問，但是你沒有這麼做。我們雖然規定遲到十分鐘就會被取消面試資格，但你為什麼要立刻放棄，而不再努力爭取一下呢？……祝您下次成功！」

● 微心靈諮商

在現實生活之中，成功和失敗之間並沒有太大的差距，往往只是相差一步之遙，當我們在遇到挫折這一道牆的時候，它可能是成功之前的最後一道關卡，如果正前方是一道不可逾越的障礙，那麼我們可以試著從旁邊繞過去。我們必須要有「不到黃河心不死」的精神，在沒有嘗試最後的努力，沒有看到最終的結果之前，就不要輕易的放棄。

8　尊重是一個人良好的品格

如果你尊重別人，那麼別人也就會尊重你，尊重是相互的，就好像一個人站在鏡子前面一樣，你笑他也笑，你哭他也哭。

在美國的紐約，有一位老師，她決定告訴她的學生，他們有多麼的重要，從而用來對他們進行鼓勵。她決定採用這樣一種做法，就是將學生們逐一叫到講台上，然後告訴大家這位同學對整個班級和對她的重要性，再給每人發一條藍色緞帶，緞帶上寫著：「我是重要的」五個大字。

之後，這位老師還想對班上進行一下研究，來看看這樣的行動對一個社區會造成什麼樣的衝擊。她給每個學生五個緞帶別針，讓他們出去給別人做相同的感謝儀式，然後觀察會產生什麼樣的結果，規定時間為一個星期，到時候回班級進行報告。

有一個男生到附近的一家公司去找一位曾經幫助他完成生活規劃的年輕主管。那個男生在他的襯衫上別了一條藍色緞帶，並且還多給他了二個別針，並對這位年輕的主管解釋說：「我們正在做一項研究，我們必須出去把藍色緞帶送給感謝和尊敬的人，這裡還有幾個多餘的別針，你也可以向別人進行相同的感謝儀式。過幾天我再過來，到時候告訴我這樣所產生的結果。」

第二天，這位年輕的主管去看他的老闆。他的老闆是個不易相處，並且容易發怒的人，但卻極富才華，他向老闆表示十分仰慕他的創作天分，老闆聽到他的誇獎之後感到十分的驚訝。這個年輕主管接著要求他接受藍色緞帶，並允許他幫他用別針別上。老闆在吃驚之餘，很爽快的答應了。

那位年輕的主管將緞帶別在了老闆胸口的位置，然後將剩下的別針送給老闆，並對老闆說道：「希望您能幫我個忙，請將這個緞帶送給你所需要感謝的人。這是一個男孩子送我的，他正在進行一項研究。我們想讓這個感謝的儀式延續下去，看看最後產生的效果是怎樣的。」

當天晚上，那位老闆回到家中，坐在十五歲兒子的旁邊，對兒子說道：「今天發生了一件事，這件事讓我感覺不可思議。我在辦公室的時候，有一個年輕的同事對我說，他對我的創造天分十分的仰慕，緊接著還送給我一條藍色的緞帶。你想想，他認為我的創造天分如此值得尊重，並親手將印有『我很重要』的緞帶別在了我外衣的胸口位置。他還另外送給我一條藍色的緞帶和一個別針，讓我將它送給自己需要感謝和尊敬的人，當我今晚開車回家時，就開始思索要把他們送給誰呢？然後我就想到了我的兒子你，我要感謝的人就是你。」

「在過去的這段時間裡，我下班回到家裡並沒有花很多精力來陪你和照顧你，為此我感到非常的慚愧。有時我會因你的學業成績不夠好，房間太過髒亂而對你大吼大叫。但是今天晚上，我只想坐在這裡，讓你知道你對我有多麼的重要，除了你媽媽之外，你就是我這一生中最重要的人。我愛你，我的孩子。」

他的孩子聽後十分的驚訝，他開始嚎啕大哭，最後哭得無法自制，身體一直不停的顫抖。

他看著自己的父親，淚流滿面的說：「爸爸，我以為你根本就不愛我，我原本計畫明天要自殺的，現在看來根本沒有那個必要了。」

● **微心靈諮商**

尊重是一種美德，是一種需要理解的美德，是一種放在心上的美德，是一種以真誠鋪墊的美德。只有時刻做到尊重他人，才能被他人所尊重。

關心別人、尊重別人必須具備高尚的情操和磊落的胸懷。當你用誠摯的心靈使對方在情感上感到溫暖、愉悅，在精神上得到充實和滿足，你就會體驗到一種美好、和諧的人際關係，你就會擁有許多的朋友，並獲得最終的成功。

9 最好的堅持——執著

有一個女孩叫聰敏，他是當地最美的一個女孩，無論走到哪裡都是一抹婉約的風景。因此，眾多的男孩子都被她美麗的容顏所吸引，於是開始對她展開瘋狂的追求。可是很奇怪，聰敏沒有表現出對誰特別的喜歡，也沒有表現出對誰特別的討厭，對所有的追求者都是一副淡淡的表情。

日子一天天的過去了，突然有一天，所有的追求者都放棄了對她的追求。因為他們全都聽到了一個關於她的祕密，說是有一個知情人士透漏，在聰敏很小的時候，就被診斷出患有先天性心臟病，雖然不會對生活產生什麼樣的影響，但是卻不能像正常人那樣擔負生兒育女的責任。所以一時間什麼「天妒紅顏」，什麼「紅顏薄命」之類的話就在當地傳開了。

沒過多久，這些風言風語就被聰敏聽到了，但是聰敏面對別人詢問的眼神沒有做任何的解釋。沒有解釋就等於是默認，那麼傳言一定是真的了，所有人都這樣認為。那些瘋狂的追求者們終於知道了聰敏為什麼對誰都是不即不離，他們都退縮了，甚至有人開始為聰敏浪費的這段青春而感到後悔。

日子就這樣一天天的過去。突然有一天，有一個男孩走進了聰敏的家，並向她求愛。聰敏淡淡對這個男孩說：「你不知道我患有先天性心臟病嗎？你如果娶了我就會斷送香火，難道你不怕嗎？你不後悔一輩子不能像別人那樣做爸爸嗎？」

男孩一本正經的說：「這件事我已經考慮了很久，而且考慮得很清楚，我也曾想過要放棄。但是，我對你的愛是真的，我愛的是你，我不會因為你患有先天性心臟病而放棄對你的愛。我也希望自己能夠當爸爸，希望有自己的孩子，但是既然不能有孩子，至少我還有你，因為對我來說，你比任何事情都重要，你就是我的一切。」

最終聰敏嫁給了那個男孩。有一件事讓所有人都感到非常的意外，那就是在他們結婚一年半之後，他們有了自己的孩子，一個漂亮的小男孩。

對於那個謠言，有的人說是聰敏自己故意考驗眾多的追求者；也有的人說是其他女孩的嫉妒；還有人說是有人被拒絕後的報復。然而無論是哪一種，當初的謠言已經不攻自破了，最終那個真誠而又執著的男孩得到了聰敏的愛。

● 微心靈諮商

人生是短暫的，但人生的道路是曲折而漫長的。在人生的旅途中，一定會有許許多多的考驗與坎坷。贏得最後成功的人只有那些執著、不懈追求、永不放棄的人。由此可見執著在我們人生旅途中具有何等重要的地位，為了最後的成功，就要執著的行動。笑到最後的人才是笑得最好的人。

10 擁有自信就擁有成功

有這樣一個女人，名叫西格，她接連生了三個孩子，在第三個孩子出生之後，她開始變得整天焦躁不安。三歲的孩子整日吵鬧，十八個月大的孩子整夜哭叫，還有一個五個月大的嬰兒需要不斷餵奶……在那段日子裡，西格的精神都快要崩潰了。長期的睡眠不足，使她無法以正常的心態看待周圍的世界，也無法正常的看待自己。她甚至懷疑自己天生就是個「低能兒」，自己連幾個孩子都不能照顧好，以後還能做什麼呢？就在這個時候，一個叫海倫的朋友託人給她帶了一份禮物。禮物是一個裝飾得很漂亮的陶瓷容器，上面還貼著一個標籤，標籤上面寫著：「西格的自信罐，需要長期使用。」罐子裡裝著幾十個用淺藍色紙條卷成的小紙卷，每個小紙卷上都寫著送給西格的一句話。西格將小紙卷一個一個的打來，上分寫著：

上帝送給我一件對我來說最為珍貴的禮物，他的名字叫做「西格」：

我欣賞你的執著和你的熱情；

我珍惜你我之間的友誼；

你很好客，而且賢慧能幹；

你有寬廣的胸懷和金色美麗的長髮；

我希望住在離你的廚房很近的地方；

你做什麼事都那麼仔細，那麼任勞任怨；

你是我最願意陪伴著一起在超級市場轉上一整天的那個人；

我真的相信你能做好任何你想做的事情；

我給你提出一點建議：當你在完成一件自己喜歡做的事情後，或者得到別人的肯定和稱讚以後，就要寫一張小紙條放在這個罐子裡。

此時她真切的感受到，她正被別人關心著，被別人愛著。困難都是暫時的，自己仍然還是一個很棒的女人。從那以後，西格把這個「自信罐」擺在最醒目的地方，只要遇到困難和危險，她就情不自禁的伸手去摸。十五年以後，西格成了一所幼兒園的園長，很多家長都願意把自己的孩子送到西格的幼兒園，因為她的自信激發了孩子們的自信。這所幼兒園的孩子也都擁有自己的「自信罐」。

● 微心靈諮商

任何人來到這個世界上，都擁有別人所不能擁有的東西。每一個人都和樹上的葉子一樣，有著自己的獨特性，任何人都不能取代你。在這個世界上，總會有一種東西能夠讓你出類拔萃、大放光彩。只是有很多人在尋找的過程中因為困難、壓力和恐懼，便輕而易舉的放棄了。只要你找對人生的方向，只要想辦法把自己的「事業密碼」和「人生密碼」對上號，就會像是一把鑰匙打開一把大鎖一樣，緊接著開啟的就將是成功的大門。

第二章　擁有理想，成功路上的催化劑

1 人生要有規劃，生命需要清單

病房裡住著兩個病人，他們都在等待著化驗結果。在病房裡，甲對乙說：「如果我得了癌症，我就決定立刻去旅行，我的第一個目的地是拉薩。」乙也表示同意。

化驗結果出來後，甲真的得了癌症，而乙只是長了息肉。

甲列好了自己餘下的人生規劃之後就離開了醫院，乙則留在了醫院接受治療。

甲的規劃是：先去一趟拉薩，去感受一下宗教的氣息，然後順著長江一路前行到達大城市，在美麗的沙灘上走一走；再到島嶼以椰子樹為背景照一些美麗的相片；讀完莎士比亞的詩集；寫一本書……一共有二十八條。

最後甲還在這張生命的清單上這樣寫道：「我的一生有很多的夢想，有的已經實現了，有的因為種種原因還沒有實現。現在，上帝給我的時間不多了，為了在離開這個世界的時候不留下什麼遺憾，我打算用生命的最後這段時間去實現我這二十八個願望。」

不久，甲就辭職離開了公司，並按照自己的規劃一一實現自己的願望，他到了拉薩，並在牧民的家裡住了一個星期。現在的他已經在開始寫那本書了。

有一天，乙在報紙上看到了一篇文章，這篇文章是甲寫的。然後就趕緊給甲打電話，詢問甲的病情。甲說：「我真的無法想像，要不是因為這場病，我的生命多麼糟糕，是它提醒了我應該去做自己想做的事，去實現自己想實現的夢想。現在我才體會到什麼才是真正的生命和人生。你生活的也挺好吧？」乙沒有回答甲的問題。因為乙在醫院所說的去拉薩的事情，早已在他得知自己得的不是癌症，只是息肉的時候被拋到九霄雲外了。

「凡事豫則立，不豫則廢。」這句古話。其意思是說，不管做什麼事，如果事先有了打算，往往會取得好的效果，否則就有可能失敗。

只剩下幾年生命的甲為什麼能夠實現自己的願望，能夠最終去到拉薩，而擁有幾十年生命的乙卻沒能實現自己的願望，最終任何一個自己規劃中想要去的地方都沒能去成呢？因為甲把自己想做的事列在了生命的清單裡，從而讓他可以在特定的階段集中精力實現特定的目標，從而使自己的願望得以實現。

而乙卻不是這樣，因為他覺得自己的人生道路還很長，所以就覺得沒有必要現在就了卻自己的心願，也就沒有把去拉薩的目標列入自己的計畫中，結果只能是什麼都得不到。

這兩種截然相反的結果是值得我們深思後。造成這兩種結果的真正原因是什麼呢？

就是一張生命的清單。

生命的清單對於任何人來說都是至關重要的，正如一句諺語所說：「如果你不知道你要去哪裡，那通常你哪裡也去不了。」生命的清單就是人生的基本航線，有了航線，我們就不會偏離目標，人生也就有了一個明確的方向。這樣，我們就能更好掌握自己的命運，向著自己的目標前進，從而更加順利和快速到達成功的彼岸。那些對人生缺乏規劃，今天想學英語，明天想學法語，後天又想學德語的人只會白白浪費自己的時間，到頭來什麼也學不到。

生命的清單可以讓我們擁有一個積極主動的人生。有些時候，我們總認為自己去做某一件事具有充足的時間，總認為一件不是很要緊的事不值得去做，總認為做某件事的各種條件還不成熟。於是，本來有足夠時間去完成某件事的你，因為有各種的原因將它拖了一天又一天，最後也只能是不了了之，這樣的結果給我們的人生帶來了太多的悔恨與遺憾。

如果我們在每個時期的人生階段都有一個明確的目標，那麼我們就會在實現自己目標的時候集中自己的精力，而不會總是被別人提醒才去做某事，也不會在某些事情非常緊急的時候才會去做，更不會一而再、在而三的令自己的目標無法實現。

● 微心靈諮商

人生就是一個漫長的旅途，要想成功你就得規劃好自己的人生，對自己的人生進行一個明確的定位。

青少年時期是自己的人生剛剛開始的時期，是需要進行全面規劃的時期。無論是在學校還是在社會，都應該對自己的未來進行一番規劃。應該發現自己的個性特點和愛好，來仔細衡量自己目標之間存在的差距，對自己進行合理的定位，讓自己的每個階段都有一個清晰合理的目標，然後向著各個階段的目標努力。這樣，你才能有正確的前進方向和有效的行動措施，才能將自己的未來和人生的主動權掌握在自己的手中，才能透過發掘自身的潛力，在事業上取得成功。

2 目標應該節節推進

在一九八四年的東京國際馬拉松邀請賽上，有一個名叫山田本一的名不見經傳的日本選手竟出人意料的奪得了世界冠軍。當記者問到他是憑什麼取得如此驚人的成績時，他只說了一幾句：「我是憑藉智慧戰勝了對手。」

當時的很多人都是這樣認為的：這個偶然跑到最前面的矮個子選手一定是在故弄玄虛。馬拉松比賽是耐力和體力的較量，只要你體能及健康狀況足夠好就有希望奪得冠軍，速度和爆發力都是次要的。但他卻說是透過智慧取得的勝利，這未免顯得有點太勉強。

兩年以後，國際馬拉松邀請賽在義大利北部城市米蘭舉行，在這次比賽中代表日本隊參加比賽的代表還是山田本一。這一次，獲得冠軍的還是他，記者們都紛紛向他請教取得成功的經驗。

山田本一是一個不善言談的人，他在回答記者的提問時說的還是上次說的那句話：「我是憑藉智慧戰勝了對手。」這次記者沒有像上次那樣在報紙上挖苦他，而是對他口中所說的智慧感到迷惑不解。

這個謎底終於在十年之後被揭開了，他在自己的自傳中是這樣說的：「在每次比賽之前，我都會乘車仔細看一遍比賽的線路，並把沿途比較醒目的標誌畫下來，比如第一個標誌是一棵大樹；第二個標誌是一座紅房子；第三個標誌是銀行……就這樣一直畫到賽程的終點。在比賽開始之後，我就向著第一個目標以百米衝刺的速度奮力衝去，等我到達第一個目標之後，我又會以同樣的速度向第二個目標衝刺。就這樣，我將這四十多公里的賽程分解成了幾個小目標，這樣就能輕鬆的跑完全程了。一開始，我並不懂這樣的道理，我總是把我的目標定在四十多公里外終點線上的那面旗幟上，其結果往往是在我跑到十幾公里的時候就把力氣都耗盡了，身體變得疲憊不堪，前面那段遙遠的路程把我給嚇倒了。」

● 微心靈諮商

在現實生活中，我們做事之所以不能堅持到最後，而總是半途而廢，這其中最主要的原因，往往不是因為事情太不好做，而是因為我們覺得成功離我們太遠，也就是說，我們不是因為失敗而放棄，而是因為倦怠而失敗。在我們的人生旅途中，只要我們稍稍具有一點山田本一那樣的智慧，我們也許就會減少許多的懊悔和惋惜。

3 目標訂太高，受傷的會是自己

沒有一條鯉魚不希望自己跳過龍門，因為只要能夠跳過龍門，牠們就會從普普通通的魚變成超凡脫俗的龍了。可是，龍門非常的高，牠們被摔打的鼻青臉腫，最後被累得筋疲力盡，可是卻沒有幾條能夠跳過去。於是那些盡了自己最大努力卻沒能跳過龍門的鯉魚一起向龍王請求，請求龍王能夠將龍門降低一些，龍王沒有答應，鯉魚們就在龍王面前不起來，直到龍王答應牠們的請求為止。牠們在那裡跪了九九八十一天，龍王終於被感動了，答應了牠們的請求。鯉魚們一個個輕輕鬆鬆的跳過了龍門，牠們全都變成了龍，感到十分的高興。但是不久之後，牠們又開始變得鬱鬱寡歡，因為牠們發現，現在大家都變成了龍，跟大家都是鯉魚的時候並沒有什麼兩樣。於是，牠們又找到龍王，將自己心中的疑惑告訴給了龍王。龍王笑著對他們說道：「真正的龍門是不能降低的。你們還是去跳那座沒有降低高度的龍門吧，那樣你們才能真正找到龍的感覺！」

● **微心靈諮商**

這則故事告訴我們，一個人如果想要取得成功，希望成為有志之士，就必須吃常人吃不了的苦頭，下常人下不了的功夫。如果能夠苦其心志、勞其筋骨，就不用再餓其體膚了。有一位名人曾經說過：「你要活得隨意些，你就只能活得平凡些；你要活得輝煌些你就只能活得痛苦些；你要活得長久些，你就只能活得簡單些。」

4 理想就像粗布衣

斯克勞斯是美國著名的服裝設計師，他的母親是一個小裁縫，他從小受母親的影響，對服裝非常的喜歡。儘管家境貧寒，但這也阻止不了斯克勞斯要做一名出色時裝設計師的理想。斯克勞斯常常將母親裁剪後的剩布偷來，東拼西湊的做成各種各樣的迷你衣服。由於母親的剩布有限，並且那些剩布都是要用來做鞋墊的，所以，斯克勞斯的行為總是遭到父親的責備。斯克勞斯感到自己的創作欲望得不到滿足。

有一天，斯克勞斯將父親從自家涼棚上撤下來的廢棚布撿來製成了一件衣服，這種粗布在當時是專門用於蓋棚之用的。斯克勞斯總是穿著自己設計的衣服上街，很多人都認為他的腦子有問題，就連他的母親也對他的行為感到不滿。

但斯克勞斯的母親是一個非常開明的人，她見兒子對服裝設計如此沉迷，便鼓勵兒子去向時裝大師大衛斯請教，她希望自己的兒子能成為像大衛斯一樣成功的時裝設計師。在斯克勞斯十八歲那年，他帶著自己設計的粗布衣來到了大衛斯的時裝設計公司。

當大衛斯的弟子們看到斯克勞斯設計的衣服時，都忍不住大聲笑了起來，因為他們從來沒有見過如此粗俗的衣服。但是大衛斯還是將斯克勞斯收做了學生。

在大衛斯的幫助和鼓勵之下，大量的粗布衣被斯克勞斯設計了出來。可是，沒有人對斯克勞斯的衣服感興趣，致使斯克勞斯設計的衣服大量積壓在倉庫裡。就連大衛斯都在懷疑自己收留斯克勞斯是不是個錯誤。但斯克勞斯很固執，他堅信自己的衣服會受到人們的歡迎，於是他試著將那些粗布衣服運往非洲，賣給那裡的勞工們。由於這些粗布衣服耐磨、價格低廉的優勢，深受那裡勞工們的喜愛，倉庫裡擠壓的粗布衣服很快被搶購一空。

接下來斯克勞斯又將那些粗布衣服設計成了適合旅行者穿的款式，由於這種衣服所表現出來的灑脫和滄桑感，使其穿在身上不僅隨意，還別具一番風味，而且不分季節和年齡，任何身分和年齡層的人都可以穿。一時間，大家都爭著穿起了斯克勞斯設計的粗布衣。如今這種粗布衣已風靡全球，它就是以大衛斯和斯克勞斯為品牌的牛仔服。

● 微心靈諮商

對於任何人來說，只要認為自己所做的事情是正確的，就應該大膽去做，哪怕你的理想只是一件粗布衣，但只要堅持下去，粗布衣也能成為漂亮的時裝。夢想能不能實現，關鍵在於我們怎樣去發現創造它。

5 專注是一股力量

勒格斯·克伊拉是牛津大學的一名教授，他在很小的時候就有一個夢想，他希望能像心目中的英雄們那樣去改變世界，為全人類服務。他知道要想實現這個目標，就必須受到最好的教育，而只有到美國才能接受到最好的教育，為此他決定去美國學習。

做出決定後他又開始為難，現在的他身無分文，沒辦法支付到美國所需的路費，而到美國有超過一萬公里的距離，而且他也不知道到底要上什麼樣的學校，也不知道自己能夠被哪一所學校招收。

他最終還是為了自己的夢想出發了，他踏上了前往美國的道路。他徒步從他的家鄉尼亞薩蘭的村莊向北穿過東非荒原到達開羅，在那裡他可以乘船到美國，然後開始他的大學教育。他一心只想著一定要踏上那片可以幫助他把握自己命運的土地，其他的東西對他來說都無關緊要。

在非洲大陸上，他足足跋涉了五天的時間，但他卻僅前進了二十五公里。他身上帶的食物吃光了，水也快喝完了。想要繼續走完下面的幾千公里幾乎是不可能的，但他知道，回頭就等於是放棄，放棄也就等於回到無知和貧窮之中去。他對自己發誓說「我一定要到達美國，不到美國我誓不甘休，只要我不死，我就一定要到達美國。」於是他又踏上了前行的道路。

他在大部分的時間是自己一個人孤獨的行走，只是偶爾會有陌生人與他同行，在這段時間裡，他大多數晚上過的是以大地為床，星空為被的生活。他沒有了食物，就用野果和其他可以食用的植物充飢，艱苦的旅行使他變得又弱又瘦。

由於心灰意冷和疲憊不堪，勒格斯差點放棄。他曾對自己說：「也許回家會比繼續這似乎愚蠢的旅途和冒險更好一些。」但是他並沒有回家，而是翻開了他隨身攜帶的兩本書，讀著那熟悉的詩句，他又恢復了信心，然後繼續前行。

要到美國去，簽證和護照是必不可少的，但要得到護照他必須向美國政府提供確切的出生日期證明，更糟糕的是要拿到簽證，還要證明他具有往返美國的經濟實力。

勒格斯拿起筆給自己童年時曾教過自己的一位傳教士寫了一封求助信，傳教士透過政府管道很快為他拿到了護照。但是勒格斯還是缺少領取簽證所必須擁有的航空費用。但勒格斯並沒有灰心，他堅信自己一定能夠透過一種途徑得到自己所需要的那筆錢。

一轉眼幾個月過去了，他那勇敢的旅途事蹟已被眾多人所熟知。關於他的傳說，也已經在非洲大陸和華盛頓廣為流傳。斯卡吉特峽谷學院的學生們在當地市民的幫助下，寄給勒格斯六百四十美元，用以支付他來美國的費用。當他得知這些人對自己的幫助之後，心中充滿了喜悅和感激。

經過兩年多的行程，一九六〇年十二月，勒格斯終丁來到了斯卡吉特峽谷學院，手中拿著自己最寶貴的兩本書，他驕傲的跨進了斯卡吉特峽谷學院高聳的大門。

● 微心靈諮商

勒格斯的目標是憑藉自己的專注而實現的。在成千上萬個成功者身上，我們可以發現一個共同的事實，那就是他們兒乎都是從自己的特長和興趣起步，對自己的策略部署進行果斷的決策，將自己的進攻目標確定下來，然後再「縮小包圍圈」，向此目標步步逼近，最後一舉取得成功，這些可以縮減為一句話：「專注持恆，事業有成；朝三暮四，失敗影隨。」

6 出發前先做好準備

暑假到了，傑克報了一個法國補習班，決定好好學一下法語。

傑克把報補習班的事情告訴了他的父母，他父母對傑克說：「傑克，我們不是早就說好了這個暑假去法國旅遊的嗎，這不也是你夢寐以求的嗎，怎麼就去報了個補習班呢？」

傑克回答說：「沒錯，去法國看凱旋門和艾菲爾鐵塔一直都是我的夢想，但是我想，如果我在學會了法語再去的話，應該能夠更深刻的理解和體會法國的文化，以及那些著名建築的深刻內涵。如果我現在這樣去，由於語言不通，我們只能看到它們的表面，卻不能深刻領略它們的內涵，因此我決定學習法語之後再去。」

他的父母聽完傑克的話很是高興，因為他們有一個懂得在出發前做好準備的兒子。

傑克畢業之後，到了一家網路公司做技術員，很快他就在眾多的技術人員中脫穎而出，被老闆任命為部門的技術主管。雖然傑克早已取得了博士學位，但是他心裡時常都保持著一種危機感，他在自己辦公室的辦公桌上貼著一張紙條，紙條上寫著：在知識經濟的時代，任何事情都以葛洛夫所說的《十倍速時代》高速的向前發展，如果你一年時間沒有學習，那麼你所學過的知識就已經折舊了百分之八十。所以為了不讓所學過的知識折舊，我就必須好好學習，天天向上。」

傑克之所以在眾多技術人員中脫穎而出，其主要原因是他每天都努力的學習。因為他始終都這樣認為：學習就像是一種投資，學習可以為自己未來更好的發展做好充足的準備。

有位偉人曾經說過：「情況總是在不斷發展變化的，只有透過學習，才能不斷適應外部環境的變化，如果停止了學習，想要繼續發展是非常困難的。」

將來如果你想生活得更好，光有工作技能是不夠的，還需要不斷學習，只有這樣才能成為更好的自己。學習的目的不僅僅是為了謀生，也是為了創造更好的生活。現在的社會競爭日益激烈，我們必須樹立不斷學習的觀念，因為只有這樣，才不會落後於別人，才不會被社會所淘汰。

● **微心靈諮商**

有人曾經說過：「不管你預備走哪一條路，最重要的是為自己做好準備。你不能赤手空拳展開你的行程，你必須用知識將自己武裝起來，你必須鍛鍊出強健的身體和足夠的勇氣。」

無論你在做什麼事情，都要事先做好準備，要做好準備再出發。無論你做什麼工作，事先的準備對工作的順利進行有著關鍵性的作用。對於現在的年輕人來說，為將來做好準備就是要好好學習自身本領，用知識來裝備自己的大腦，無論是在學校還是社會，都要有終身學習的概念。

7　敢於懷疑才可成功

在一家海洋館裡，一群遊客正在共進晚餐。他們一邊吃東西一邊聊天，等一道魚做的菜端上來之後，大家就開始你一言我一語的談論一些關於在魚肚子裡發現珍珠和其他一些寶物的事。

在旁邊有一位年長者，一直在默默聽著他們閒聊，到最後他終於忍不住了，開口向他們說道：「我聽了你們每個人所講的故事，你們講的非常的精彩，現在我也講一個故事吧。」我年輕的時候，在一家香港的進出口公司工作，我跟所有的年輕人一樣，我和一位漂亮的女孩相愛了，而且很快就訂了婚，準備過段時間就結婚。就在我們準備結婚的前兩個月，我被公司派到了義大利，去經辦一樁非常重要的生意，因此我不得不離開我的心上人。

這位老人停頓了一下，然後接著說：「由於中途處理了一些麻煩事，所以在義大利待的時間比預期時間長了許多。當工作完成之後，我迫不及待準備回家。在回家之前，他買了一個很大的鑽石戒指，準備回家後作為結婚禮物送給我的未婚妻。但是我所乘坐的那艘輪船開得太慢了，所以感覺很是無聊，於是我就開始瀏覽船上的一些報紙來打發無聊的時間。忽然我看到了一個令我非常震驚的消息，那則消息說的是我的未婚妻和另外一個男人結婚了。你們可以想像一下，我當時受到的打擊有多大，我憤怒的將那張報紙扔到了大海裡。」

老人沉默了一會兒，神情顯得有些落寞，又接著說：「我回到香港以後，沒有再找女朋友，就這樣一個人度日，一眨眼，已經幾十年過去了。有一天，我到一個海鮮館，一個人悶悶不樂的在那裡用餐。當一盤鹹水魚端上來之後，我用筷子夾了一些在嘴裡慢慢的咀嚼。忽然我的喉嚨被一個硬東西哽了一下，你們猜，我吃到了什麼？」

周圍的人很肯定的說：「當然是鑽戒了！」

「不是！」老人很是淒涼的說。「一開始我也是像你們那樣認為的，可是吃完飯以後才知道，是我的一顆早已被磨損的很厲害，一邊搖搖欲墜的牙齒掉進了我的喉嚨裡。」

大家聽後，都驚訝的張大了嘴巴。

● 微心靈諮商

給一個明確的思維指向，這就會讓人產生懸疑，可是結局並不像你想像的那樣，背離了人們心中的願望或潛意識中的目標指向。其實，很多意想不到的結局正是生活中極易發生的平常事，而不是想像中的奇蹟。

8　學會尋找前進的動力

有四個瘦的只剩下皮包骨的男人走在非洲一片茂密的叢林裡，他們扛著一個沉重的箱子，踉踉蹌蹌的向前走著。

這四個人分別是：詹森、麥克利斯、吉姆和巴里。他們還有一個隊長叫馬克格夫，他們是跟著隊長來到叢林裡探險的。馬克格夫曾答應他們事後發給他們一筆優厚的薪資。馬克格夫是他們的隊長兼導航員，但很不幸的是，在任務即將完成的時候，馬克格夫不幸得了一場重病，最後在叢林裡長眠了，他們現在只能靠自己走出叢林了。

當馬克格夫隊長知道自己走不出叢林的時候，他親手製作了一個大箱子，然後將這個箱子交給他們四個人。他十分誠懇的對他們說道：「我要你們向我保證，一定不要離開這個箱子，如果你們能把這個箱子交到我朋友麥克唐納教授手中，那麼你們將會獲得比金子還要珍貴的東西作為對你們的酬勞。我想你們一定能夠將箱子送到，我也向你們保證，如果你們能夠送到，那比金子還要貴重的東西，你們也一定能夠得到。」

四個人將馬克格夫隊長埋葬之後就上路了，但在叢林裡行走是非常困難的，他們感覺箱子也變得越來越重，而他們的力氣則變得越來越小了。他們就像是囚犯一般，在泥淖中奮力掙扎著。一切都像是在噩夢之中，而只有那個箱子是實實在在的，支撐他們身軀的就是這個箱子。如果沒有這個箱子，他們早就已經倒下了。他們不准任何人單獨打開這個箱子，因而彼此監視著。在最艱難的時候，他們想到了將來會得到很多的報酬，這個報酬是比金子還要值錢的東西……他們就這樣來支撐著身體前行。

不知過了多少天，在他們的堅持下，綠色的屏障終於被拉開了，他們經過千辛萬苦之後終於走出了叢林，四個人急忙去找馬克格夫隊長的朋友麥克唐納教授，迫不及待的詢問應得的報酬到底是什麼。教授好像沒有聽懂他們所說的話，只是很無奈的把雙手一攤，說道：「我也不知道是什麼，反正我是一無所有，或許是箱子裡裝著什麼寶貝吧。」

於是教授當這四個人的面將箱子打開了，大家一看全都傻了眼，因為箱子裡並沒有裝著什麼什麼寶貝，而是裝著一堆無用的石頭。

約翰斯疑惑說道：「這開的是什麼玩笑？」

「我早就看出那個傢伙有神經病，這些東西一分錢都不值。」吉姆吼道。

麥克利斯憤怒的喊道：「比金子還要值錢的東西在哪裡，我們上了那個小子的當。」

此時此刻，只有巴里一個人一聲不吭的站在那裡，他想起了在叢林裡到處散落著探險者的白骨，他想起如果沒有這個箱子，他們四個人或許也早就像那些探險者一樣陳屍叢林了……

巴里想到這裡，突然站起來向大家說道：「你們不要再抱怨了，我們已經得到了比金子更貴重的東西，那就是生命！」所有人聽了都為之一驚。

● 微心靈諮商

人的思維是有目的的，因為人是具有高級思維能力的生物。雖然有些目的無法實現，但是它曾經給過你希望，在你的一段生活中支持著你，因而這段生活變得不再無聊，使你不再覺得每天都無所事事。生命在於運動，而運動最好的動力就是目標。因此，我們一定要為自己計畫一個明確的目標。

9 寫下自己的理想

李小龍，一九四〇年十一月二十七日出生於美國舊金山，英文名叫布魯斯．李。因為他的父親是一名演員，所以他在很小的時候就有了跑龍套的機會，於是他有了一個夢想，那就是當一名演員。

他小時候身體非常虛弱，他的父親就讓他拜師習武來強身健體，他的師傅就是鼎鼎大名的葉問。一九六一年，他考入華盛頓州立大學，主修課程是哲學，後來，他像所有正常人一樣結婚生子。但在他內心深處，當一名演員的夢想一刻都沒有放棄過。

有一天，他與一位朋友聊天，當他談到自己的夢想時，便隨手將自己的人生目標寫在了一張便箋上：「我，布魯斯．李，將會成為一個超級巨星，而且是全美國薪酬最高的。作為回報，我將奉獻出最激動人心、最具震撼力的演出。我將會從一九七〇年開始贏得世界性的聲譽，到一九八〇年的時候，我的財富將會超過一千萬美元，到那個時候，我和我的家人都將過上幸福快樂的生活。」他在寫下這張便箋的時候是一九六一年，當時正是他生活窮困潦倒的時候，如果當時有人看到這張便箋的話，肯定會笑他是在做白日夢，然而他卻將這些話深深印在了自己的心上。

為了實現自己的願望，他克服了無數令常人難以想像的困難。例如：他有一次在拍片的時候脊背神經受傷，在床上躺了四個多月，後來他奇蹟般的站了起來。一九七一年，命運之神向他拋來了橄欖枝，他主演了《唐山大兄》、《精武門》、《猛龍過江》等多部電影，並多次刷新電影票房記錄。一九七二年，他主演了香港嘉禾公司和美國華納公司合作的電影《龍爭虎鬥》，從而一舉成名，成為了一名國際巨星，人們給他起了個綽號叫：「功夫之王」。

一九九八年，他入選了美國《時代》週刊，成為了「二十世紀英雄偶像」之一，也是唯一入選的華人。

他是一個「最被歐美人認識的亞洲人」，一個迄今為止在世界上享譽最高的華人明星。一九七三年七月，事業剛步入巔峰的李小龍突然暴病身亡。

在美國加州舉行的「李小龍遺物拍賣會」上，那張已經發黃的備忘錄被以兩萬九千美元的價格賣出，同時被賣出的還有兩千多份獲准合法複印的副本，以至於拍賣會的主持人大叫：「這就是你以後有必要把想到的事情馬上寫下來的原因所在。」

● **微心靈諮商**

及時寫下你的夢想吧，哪怕是在一張不起眼的備忘錄上。說不定你百年後它可以賣個幾百萬美元。

10　緊緊抓住自己的目標

有一次在高爾夫球場，傑克不小心將球打進了雜草了叢裡。剛好有一個青年人在那裡清掃落葉，於是他開始和傑克一起找那個球，在球被找到的時候，青年人很憂鬱的對傑克說：「傑克先生，我想找個時間向你請教一下。」

傑克問道：「什麼時候呢？」

「什麼時候都可以。」他頗感意外的回答道。

傑克對他說道：「像你這樣說，你是永遠都不會有機會的。這樣吧，四十分鐘後在第十六洞見面談吧！」四十分鐘後傑克與這位青年在樹蔭下坐下，傑克先問了青年的名字，接著對他說：「現在請你告訴我，你有什麼事要跟我談呢？」

「我也說不上來，只是想做一些事情。」

傑克接著問他：「能告訴我你具體想做什麼事情嗎？」

「我也不是很清楚，就是想做和現在不一樣的事情，但是又不知道做什麼好。」他顯得很困惑。

傑克接著問：「那麼，你打算到什麼時候實現那個連你自己都還不能確定的目標呢？」

他彷彿對這個問題非常的困惑，又非常的激動，他說道：「我也不知道什麼時候能實現。我的意思是說，總會有一天會想去做某件事情的。」於是傑克接著問他什麼事情是他喜歡的，他也說不出有什麼特別喜歡的事。

「原來是這樣，你想做某些事情，但卻又不知道做什麼好，也不確定要在什麼時候去做。更不知道自己最喜歡或最擅長的是什麼。」

聽到這些話，他有些不情願點了點頭，然後說道：「我真是個沒有用的人。」

「哪裡。你只是沒有將自己的理想進行整理而已，或者是缺乏整體的構想而已。你是個很聰明的人，你不僅性格好，而且有上進心。有上進心才會促使你想做些什麼。我很信任你也很喜歡你。」

「你可以花兩週的時間對自己的將來進行一下考慮，並將自己的目標明確下來，可以用最簡單的文字將它寫下來。然後估計何時能順利實現，得出結論後，將其寫在一張卡片上，然後拿著卡片來找我。」

兩個星期很快過去了，但這位青年還是顯得有些迫不及待，至少精神上看來像完全變了一個人似的在傑克面前出現。這次這位青年帶來明確而完整的構想，已經掌握了自己的目標，那就是要成為他現在工作的高爾夫球場經理。現任經理五年後退休，所以這位青年要在五年後將自己的目標達成。

這位青年在這五年的時間裡學到了很多東西，具備了擔任經理所需的知識和能力。所以經理的職位一旦空缺，他是最合適不過的人選，最終這位青年如願以償。

幾年時間後，這位青年的地位對於公司來說更加重要，成為了公司不可缺少的人物。他根據自己任職的高爾夫球場的人事變動決定未來的目標。現在這位青年過得十分幸福，對自己的人生也非常的滿意。

●微心靈諮商

我們應該特別重視正確把握自己的目標，還要重視限定達成目標的日期。設定明確的目標是非常重要的。如果能正確的把握自己的目標，並限定達到的期限，就能產生把自己的力量發揮到極致的意願，盡自己最大的努力去實現目標。

第三章　充滿勤奮，戰勝任何困難的法寶

1　要懂得鞭策自己

司馬光從小就是個喜歡讀書的孩子，特別是對歷史著作由衷的喜愛，在他六七歲的時候，頭一次去鄰居家裡玩，正好趕上那家的大人正在給孩子們說書。於是司馬光也站在一旁安靜聽，不知不覺聽得入了神。回家以後，司馬光興沖沖的把自己聽來的故事講給家裡的大人們聽，大人們對他能夠聽懂書的大略意旨進行了誇獎。從此以後，司馬光對讀書有了充足的興趣，他那天聽到的是《左傳》，他讀的第一本書也是這一本。

司馬光不僅對讀書非常的感興趣，他的理解能力也非常的強，就是記憶能力差了一點。古代讀書非常注重背誦，在誦讀的過程中來加深對文章內容的理解，對寫作的技巧加以領會。家中請來的老師也要求司馬光他們背誦，司馬光的兄弟們只需要記一兩遍，然後就能夠背誦了，而司馬光則需要記十幾遍才能勉強的背誦下來。

司馬光把自己的全部時間都花在了讀書上，既多讀，又熟讀。可是他畢竟只是一個十幾歲的孩子，讀書有睏倦的時候也是很正常的。於是他想起了戰國時期的蘇秦，學習他為了讀書而「錐刺股」的方法，又想到東漢士氣孫敬「頭懸梁」的方法。在刻苦讀書方面，司馬光覺得蘇秦、孫敬的精神是非常可貴的，值得效仿。但是他自幼受儒家思想薰陶很深，想起「身體髮膚，受之父母，不可毀傷」，因此又不願意採取「錐刺股」、「頭懸梁」的方法進行苦讀。

一天午餐過後，司馬光沒有像往日那樣忙著讀書。他找來了一把鋸子和一把砍柴刀，精心挑選幾段圓木，每段圓木的直徑都有碗口那麼粗細。他把這些都拿到院子裡，然後在大樹蔭下擺上凳子，開始做起「木匠」工作。他把圓木外表的樹皮用砍柴刀剝掉，長一塊、短一塊的樹皮剝了一地，總算把圓木外表弄的光滑些了。他擦了擦頭上的汗，又開始用鋸來鋸圓木。儘管他事先挑選過一遍，但還是有幾段圓木不理想，遇到有樹突的地方就鋸不下去，再加上他沒做過這種工作，拉鋸子很費力，而且用力不均勻，弄斷了不少鋸條，人也累得大汗淋漓。最後終於將那段圓木頭鋸成了像枕頭的長度一樣。

原來司馬光做了一個木枕頭，這個辦法是他經過認真思考後想出來的。晚上要是睏了，枕著這段木枕頭睡，會睡不安穩，睡一小會兒就會感到不舒服。如果想抬起頭來換個部位再睡，圓木枕頭就會滾動。這樣令人不舒服的枕頭睡覺，就等於時刻提醒著司馬光趕緊起來讀書。

後來司馬光給這個木枕頭起了一個名字，叫「警枕」，並伴隨他走過了許多年。

因為司馬光讀書勤奮刻苦，最後終於成為了一位學識淵博的大學者。在他二十歲的時候就考中了進士，並在今後的十九年裡主編了一本長篇編年體史書《資治通鑑》。

● 微心靈諮商

司馬光如果沒有「警枕」作為警惕和約束，也許就不會有《資治通鑒》；如果沒有勾踐的「臥薪嘗膽」來鞭策自己，也許他就不會有復興的那一天。古代的種種經驗告訴我們，要隨時保持備戰狀態去努力，才能取得成功。遇到各種學習上的困難，能主動去解決它，並始終堅持發憤學習。由此看來，任何人要想成就一番事業，都離不開刻苦、自覺、自強不息的精神。古人曾經說過：「寶劍鋒從磨礪出，梅花香自苦寒來。」要想取得成功，就必須勤奮刻苦。

2　笨鳥先飛早入林

明代著名的教育家和哲學家王守仁出生在一個封建貴族家庭，他父親非常的聰明，是當時朝廷的兵部尚書。但是，王守仁卻似乎連父親一點的聰明才智都沒有遺傳到。

王守仁很晚才會說話，在他五歲的時候還不會說話，當時大家都以為他是個啞巴，更有的人認為他根本就是一個白痴。但是他父親卻不這樣認為，他覺得王守仁只是生病了。因此他開始四處尋訪名醫，只要聽說哪裡有名醫，他都要派人去將名醫請來給王守仁看病。在王守仁六歲的時候，他的病終於被治好了。

雖然王守仁的病治好了，但是智力卻顯得很一般。因為他從小就不會說話，也沒有讀過書，所以，和別的同齡孩子比起來，他顯得很是笨拙。有人風言風語：「他這麼晚才開始學說話，當然是笨啦！將來肯定也不會有什麼出息，也就別指望了。」

王守仁本來就覺得自己和別人比起來笨很多，現在又聽到別人這樣嘲笑自己，心裡便覺得更加難受。他跑到父親懷裡哭訴：「父親，別人都說我笨，我真的很笨嗎？」

父親聽了王守仁的話，心裡一陣酸楚，對他說：「孩子，你不笨。為父一定會好好教你，你會成為一個很有出息的人的。對於別人的嘲笑你不用在乎，你要自己發憤學習，爭口氣讓那些人瞧一瞧。」

聽了父親的話，王守仁充滿了信心。他始終記得父親曾經給他講過的「笨鳥先飛」的故事，並時時提醒自己要努力學習。平時讀書，別人讀一遍，他就讀兩遍、三遍甚至十遍。他趕緊時間，把別人玩樂的時間都用在了學習上。白天他認真聽先生講課，放學後，趁著還沒有吃飯或者吃飯後的時間，他一個人跑進父親的書房，認真讀書，直到家人催促他吃飯、睡覺。就這樣日復一日，年復一年，從來都沒有間斷過。

父親看到王守仁這麼的爭氣，心裡充滿了喜悅之情。他每天都非常耐心的為兒子輔導功課，有時還請一些大學者給他輔導。家裡來了客人，談論天下大事的時候，也會讓王守仁旁聽，向別人學習。

母親見到王守仁如此的刻苦努力，也感到十分的欣慰，對他的照顧更加細心。她為了不讓別人打擾王守仁讀書，還專門為他整理出一間書房。

王守仁在父母的支持鼓勵和自己的不斷努力下，王守仁的學業成績有了顯著的提高。在回答先生提出的問題時，他也回答得很有主見，最後他成了先生的得意門生。

就這樣，王守仁以其笨鳥先飛、刻苦勤奮的精神不斷的學習，長大以後，成為了明代著名的教育家和哲學家。

● 微心靈諮商

「知識改變命運」是人們經常說，也是非常有哲理的一句話。那知識是從何而來的呢？顯然對青少年來說，就是讀書，就是要從書中獲得自己成長過程中所需要的知識。一個人只要愛讀書，並不斷努力，那麼他就會像故事中的王守仁一樣，從書中吸取足夠多的力量，從而改變自己的命運。

3 及時行動，再行動

有一個生活非常落魄的年輕人，他總是幾天就要去教堂進行祈禱，而且每一次的禱告詞幾乎都一模一樣。

他第一次來到教堂的時候，他跪在聖殿內，虔誠低語：「上帝啊，請念在我多年對您的敬畏之情上，請讓我中一次彩券吧！」

兩天時間過去了，他又垂頭喪氣的來到了教堂，同樣是跪下來祈禱：「上帝啊，為什麼不讓我中一張彩券呢？如果讓我中一張彩券，我願意更卑微的服從您。」

他就這樣，每隔幾天就到教堂來做著同樣的祈禱，如此周而復始。

最後一次，他跪著說：「我最為敬愛的上帝，為什麼您無視我的禱告呢，讓我中彩券吧，哪怕只有一次，我也願意終身信奉您。」

這時，聖壇上空傳來一陣很莊嚴的聲音：「我一直都在聽你的禱告，可是你忽視了最起碼的一點，你應該去買一張彩券。」

在我們的現實生活中，總是心動的時候多，行動的時候少，把希望放在今天，卻把行動留在了明天。夢想著成功，卻沒有付諸行動。真正的成功者則恰恰相反，它們總是把行動放在現在，把希望放在未來。

一九七〇年代，美國有一個叫法蘭克的年輕人，家裡非常的貧困。他離開家去了芝加哥，想在那裡謀求出路。芝加哥是個繁華的城市，他在那裡轉了幾圈後，沒能找到一個容身之所，於是就買了把鞋刷給別人刷起了皮鞋，以此來維持生計。

半年時間很快過去了，他手裡有了一點積蓄，然後用這點積蓄租了一間小店，一邊擦皮鞋，一邊賣雪糕。誰知道雪糕的生意越做越好，後來他乾脆不擦皮鞋了，專門賣起雪糕來。

現在，法蘭克的「天使冰王」雪糕已擁有全美市場的百分之七十以上，在全球有四千多家的專賣店，分布在六十多個國家。

有一個年輕人叫斯特福，他幾乎是與法蘭克同時來到芝加哥的。斯特福的父親是一位富有的農場主人，斯特福上了大學，還讀了研究生。就在法蘭克給別人擦皮鞋的時候，斯特福住在芝加哥最豪華的酒店裡進行市場調查，花費了數十萬美元。在經過了一年的周密調查之後，斯特福得出的結論是：賣雪糕一定很有市場，當斯特福把調查結果告訴父親時，遭到了強烈反對而沒有付諸行動。後來，斯特福又進行了一段時間的調查，其結果仍然是賣雪糕生意好做。一年之後他終於說服了父親，準備打造雪糕店。而此時的法蘭克雪糕店已經遍布整個美國地區，斯特福最終只能不了了之。

●微心靈諮商

在職場這個大舞台上，想成就一番偉業的人多如過江之鯽，而結果往往是取得成功的只有很少一部分人，平庸者占了大多數。這裡除了膽略、機遇和資金因素之外，更重要的是大多數人一直處於思考、夢想、遲疑狀態，從而習慣性的推延行動。往往在猶豫之中，錯過了最佳良機。只有少數人，不僅有思考的能力，而且還是積極行動的巨人。

成功往往是從行動開始的，行動了，不一定獲得成功，但是不行動，就永遠不可能獲得成功。不管目標是高是低，夢想是大是小，從現在開始，積極行動起來，只有緊緊抓住行動的琴弦，才能彈出了職場之中最動聽的音樂。

4 開發自我潛能

有兩個和尚住在南北相鄰的兩座山的寺廟裡，在這兩座山之間有一條小溪。這兩個和尚每天都會在同一時間去小溪邊打水，久而久之，他們便成為了好朋友。就這樣，時間在挑水中一天天過去，不知不覺間已經五年了。

突然有一天，北邊這座山的和尚沒有下山挑水。南邊那座山的和尚心想：他可能是睡著了，所以沒來打水，便沒有在意。可是第二天北邊這座山上的和尚還是沒有下山來打水。

哪知第三天，北邊這座山的和尚，還是沒有下山打水。就這樣一個星期過去，一個月過去了，北邊那座山上的和尚還是沒有下山打水。南邊這座山上的和尚終於坐不住了，他心想：「我的朋友一定是生病了，我一定要過去拜訪他，看看能不能幫上什麼忙。」

於是他便爬上了北邊的那座山，去探望他的老朋友。等他到達北邊這座山的廟的時候，看到他的老友之後他大吃一驚，因為他的好朋友正在廟前打太極拳，怎麼看也不像是一個月沒有喝水的人。

他感到非常的好奇，然後問他的朋友：「你已經一個月都沒有到山下打水了，難道你不用喝水了嗎？」北邊這座山上的和尚說：「跟我來，我帶你去看一樣東西。」

他帶著南邊那座山的和尚走到廟的後院，指著一口井說：這五年來，我都會在做完功課的時候抽空來這裡挖這口井。即使有的時候會很忙，我也會抽出時間來挖，能挖多少算多少。可就在一個月之前，終於讓我挖出了井水，從此以後我就不必再下山去打水了，我可以有更多的時間用來練我喜歡的太極拳。」

● **微心靈諮商**

在我們的工作領域，即使你的薪資、福利拿的再多，那你也只是在挑水而已，其實我們更應該用這點時間為自己挖一口屬於自己的水井，培養自己另一方面的實力。正所謂白天求生存，晚上求發展，昨天的努力就是今天的收穫，今天的努力就是未來的希望。等到你年紀大了，你的體力和精力都已經拼不過年輕人了，而你卻還有水可以喝，而且還會喝的很悠閒。

5 擁有一技之長，走遍天下都不怕

有一位音樂系的學生，當他進入教室的時候，看到教室裡的鋼琴上放著一份全新的樂譜。

這是一份具有超高難度的樂譜，他翻著樂譜，感覺自己對彈好鋼琴的信心似乎跌到谷底。他學了已經三個月了，自從跟了這位新的教授之後，不知道為什麼，教授總是以這種方式來為難他。他勉強打起精神，開始用自己的十指奮戰，教授從教室外面進來的腳步聲都被這鋼琴的聲音所覆蓋住了。

這位教授是一個非常有名的音樂大師。授課的第一天，他給自己的新學生一份樂譜。「試試看吧！」他說。樂譜的難度非常高，學生彈得不僅生澀僵滯，而且錯誤百出。「你們彈的還不成熟，回去要好好練習。」教授在下課的時候盯住學生說。

一個星期過後，第二週上課時，學生們正準備讓教授驗收，教授不僅沒有進行驗收，還給了他一份難度更高的樂譜。然後對他說：「試試看吧！」沒想到教授對他上星期的課一個字也沒提，又讓學生們再次挑戰著那種更高難度的技巧。

第二週很快也過去了，第三週更難的樂譜又出現了。同樣的情形持續著，學生每次在課堂上都被一份新的樂譜所困擾，然後把它帶回去練習，接著再回到課堂上，重新面臨兩倍難度的樂譜，卻怎麼樣都追不上進度，一點也沒有因為上週練習而有駕輕就熟的感覺，學生感到越來越不安、沮喪和氣餒。教授走進練習室，學生再也忍不住了。他要向鋼琴大師問個明白，為什麼這三個月來一直折磨自己。

教授沒有說話，他拿出了最早的那份樂譜交給了學生。彈奏吧！他以堅定的目光望著學生。

奇蹟出現了，連學生自己都覺得不可思議，他居然可以將這首曲子彈奏得如此美妙、如此精湛！教授又讓學生試了第二堂課的樂譜學生依然呈現出超高水準的表現演奏結束後，學生怔怔的望著老師，吃驚的說不出話來。

鋼琴大師緩緩的說：「如果我任由你表現最擅長的部分，可能你還在練習最早的那份樂譜，就不會有現在這樣的程度。」

● 微心靈諮商

熟能生巧，巧能生精，即練習造就完美，熟練才能精通。那些在各行各業出類拔萃的頂尖人士，儘管優點不一而足，成就也有所不同，但他們卻都有一個共同也是最基本的特點：熱忱、專注與勤奮。因為熱忱，所以能夠投入強大的動力與能量；因為專注，所以能夠心無旁騖勇往直前；因為勤奮，所以才能夠練就一手專長。

6 成功的背後是付出

牠是一隻在垃圾堆裡化蛹成蠅的普通蒼蠅。垃圾堆是城市新城代謝的集合體，而對於蒼蠅來說，垃圾是牠們理想的天堂。因為這裡擁有豐富的食物，能夠使牠們不費任何力氣就將肚子填飽，剩下來的時間就能夠彼此之間追逐嬉戲。

在一個普通的日子，一輛垃圾車像以前一樣，將滿滿一車的垃圾倒在了垃圾堆上。蒼蠅們看到之後，都爭先恐後向著目標聚攏過去，想從中發現更新鮮的美味。牠夾雜在大夥中間，然而在落到垃圾堆上的一剎那，有一樣東西讓牠眼前一亮。

牠在垃圾堆裡看到了一幅畫，畫上畫的是一隻蜜蜂在花叢中自由自在的飛翔。那美麗的膚色、纖細的腰身和輕盈的舞姿，都讓這隻蒼蠅羨慕不已。還有蜜蜂的工作環境，總是那麼馥郁芬芳，花香四溢。牠再瞅瞅自己，生活的這片天地總是亂糟糟、臭烘烘的。有一點非常讓牠氣憤，那就是，幾乎所有的人對蜜蜂都是大加讚賞，而對蒼蠅，則幾乎都是怒罵唾棄和鄙視不屑。

這隻蒼蠅看到這些，很不服氣，牠覺得上帝對自己太不公平了，於是牠找到上帝進行理論，牠要求上帝把牠變成一隻漂亮的蜜蜂。

上帝看到牠這麼的勇敢，於是就答應了牠的請求，還對牠進行了誇獎，然後真的把牠變成了一隻蜜蜂。

看著自己一眨眼的功夫竟然從人見人厭的蒼蠅，變成了一隻人見人愛的蜜蜂，那種喜悅之情難於用語言來表達，牠哼著歌兒，輕快的飛進了花叢中。剛飛到花叢中，牠就急忙快樂的和其他的蜜蜂打招呼：「大家好！」「你好，歡迎你加入我們的隊伍。」蜜蜂們非常友善的朝牠擺了擺觸鬚，卻並沒有停下飛舞的腳步。此時牠才發現，原來這些蜜蜂並不是在花叢中飛舞玩樂，而是在忙碌的採集花粉。

在接下來的日子裡，牠和其他的蜜蜂一樣每天早出晚歸，採集很多的花粉，然後將採來的花粉送到蜂房裡，然後又馬不停蹄的飛向另一朵花，工作不僅單調乏味，而且還非常的辛苦，每天都累個半死，卻只能換來很少一部分的食物。

一開始牠還覺得很有意思，可是時間一長，牠就受不了了。牠開始趁著大家忙碌工作的時候，悄悄的溜走了，牠又飛回到了原來的垃圾堆裡。

牠以為還能像以前一樣，可是等牠到了那裡才發現，牠早已經不再適應垃圾堆的生活了。那些曾經在牠是只蒼蠅時的遍地食物，早已不能被現在身上這套蜜蜂的消化系統所適應，最終，牠餓死在了垃圾堆上。

當牠的靈魂重新來到上帝的身邊時，上帝問了牠一句：「下一世，你是想做蜜蜂還是想做蒼蠅？」

牠毫不猶豫回答：「我想做蒼蠅！」

●微心靈諮商

很多的時候，我們都只看到了罩在成功者頭上的那個巨大的光環，卻往往將其背後所流淌過的汗水所忽視。如果你只付出了蒼蠅的努力，就不要奢求得到蜜蜂一樣的人生，因為世界對於每個人來說都是公平的。

7 多墊些石頭在腳下

剛大學畢業的時候，李剛被分配到了一個小鎮當老師，那個小鎮不僅偏遠，而且薪資也少得可憐，其實李剛有很大的優勢，他的教學基本功不錯，也很擅長寫作。於是，李剛一邊抱怨命運不公，一邊羨慕那些擁有一份體面的工作、拿著一份優厚薪水的同學。這樣一來，不僅對工作沒了熱情，而且連寫作也沒興趣。整天研究的就只有「跳槽」，也幻想著和其他同學一樣，能有一份體面的工作，能拿一份優厚的薪水。

就這樣，一晃兩年過去了，他的本職工作做的一塌糊塗，寫作水準上不僅沒有提升，反而有所下降。在這段時間裡，李剛也試著聯繫了幾家自己喜歡的公司，但卻沒有一個公司願意接納他。

然而，有一件微不足道的小事，將李剛一生的命運都給改變了。

那是一個週四的上午，那天學校開運動會，這在文化活動極其匱乏的小鎮上，是一件非常重大的事情，因此前來觀看比賽的人特別的多。小小的操場四周很快圍出一道密不透風的環形人牆。李剛來晚了，站在人牆後面，翹起腳也看不到裡面熱鬧的情景。就在他踮起腳尖向裡面看的時候，有一個很矮的小孩從他身邊走過，他的舉動吸引了李剛的視線。

因為他的個子很矮，又站在人牆的後面，所以根本看不到裡面比賽的情景。但他有自己的辦法，他一趟趟的從不遠處搬來磚頭，在那厚厚的人牆後面，耐心的疊著一個檯子，一層又一層，足有半公尺高。李剛不知道他疊這個檯子花了多長時間，也不知道他因此少看到多少精彩的比賽，當他登上那個自己疊起的檯子時，對著李剛微微一笑。那成功的自豪和喜悅，卻是那麼的清晰。

在那個時候，李剛的心受到了無比的震撼，那是一件多麼簡單的事情啊：要想越過密密的人牆看到精彩的比賽，只需要在腳下多墊幾塊磚頭就可以了。

從此以後，李剛滿懷熱情的投入到了工作之中，踏踏實實，一步一腳印。不久，李剛成為了一名遠近聞名的教學達人。

● 微心靈諮商

我們在生活中做事情一定要踏踏實實的，不能因為一點困難或者挫折就放棄自己的理想，自暴自棄。只有這樣，我們才能走向成功的彼岸。

8 勤奮是一把金鑰匙

童第周從小好奇心就特別的強，每當遇到不懂的問題都會在第一時間向父親請教，父親每次都會不厭其煩的為他講解。

有一天，童第周在院子裡玩樂，突然發現屋簷下的石階上整整齊齊的排列著一行小坑，他覺得很是奇怪，便跑去問爸爸：「爸爸，屋簷下石板上的小坑是誰敲出來的？是做什麼用的呀？」父親看到兒子這麼好奇，高興對他說：「這是簷頭水滴下來敲的，不是人造出來的。」小童第周覺得更加奇怪了，水能在堅硬的石頭上敲出坑來嗎？父親很耐心的對他講解：「一滴水是不能在石頭上敲出坑來的，但是日子久了，點點滴滴不斷敲，不但能夠敲出坑來，最後還能在石頭上穿一個洞呢！人們常說的『滴水穿石』就是這個道理。」父親這番話在小童第周心裡激起了一陣漣漪，用一種似懂非懂的眼神望著父親，向著父親點了點頭。

由於田裡的務農比較多，小童第周要時常到田裡去幫忙做務農，他因此而失去了對學習的興趣，不想讀書了。父親很耐心的開導他：「你還記得『滴水穿石』的故事嗎？小小的簷水只要常年堅持不懈，都能在堅硬的石頭上穿洞，難道一個人的恆心連小小的鹽水都不如嗎？學習也是一樣，要一點一滴的累積，只要堅持不懈就一定能夠獲得成功。」事後，父親寫了「滴水穿石」四個大字贈與他，以此來激勵他好好學習。

後來童第周到了中學讀書，他成為三年級的轉學生，可是他的成績全班倒數第一，看著自己的成績單，童第周哭得很傷心。

不久，童第周所在的宿舍傳出了「第周不好好學習，經常出去談戀愛，而且每天都談到很晚的新聞」，這件事引起了老師和同學們的關注。一天深夜，教數學的陳老師辦完事回到學校，看見路燈下有一個瘦小的身影在晃動。他懷著好奇心走了過去，他看到童第周正藉著路燈光在寫習題。陳老師於是問他：「你怎麼還不回宿舍睡覺？」童第周回答道：「陳老師，我要把握時間把功課趕上去，我不要倒數第一名。」陳老師望著童第周瘦小的身軀，關心的勸童第周回去睡覺，但是沒走出多遠就有看到他在路燈下捧著書讀了起來。陳老師被童第周的做法深深感動了，也為自己能有這樣的學生而感到自豪。

第二天一上課，陳老師就當著全班同學的面為童第周闢謠：「我明確告訴大家，童第周是一個非常勤奮的同學，不能在沒弄清楚事實真相的情況下就妄下結論，更不能用流言去中傷他人。」「昨天晚上我親眼看到童第周同學熄燈之後還在昏暗的路燈下勤奮的寫習題，他的勤奮值得我們全班同學學習。」陳老師嚴肅說。

期末考試成績出來之後，童第周又成了全校關注的焦點。他靠自己的刻苦努力，使各科的成績都達到了七十分以上，其中的幾何成績還獲得了滿分。

在自己的努力和老師同學的幫助之下，到高三期末考試的時候，他的成績名列全班第一。連校長都感慨說：「我當了這麼多年的校長，進步這麼快的學生我還是第一次看到。」

後來童第周在回憶自己童年的時候說：「在中學的這段學習經歷對我的一生有很大的影響。在那裡我認識到自己並不比別人笨，別人能做到的，我經過努力後也能夠做到。世上根本就沒有天才，天才都是用勤奮換來的。」

● 微心靈諮商

每個人一生下來，不可能就是天才，天才是經過自己的刻苦學習加勤奮再加上汗水換來的。不勤奮，就會使人產生惰性，而這種惰性則會改變一個人一生的命運。在學習、工作和生活中，一個人要想不斷發展自己和取得成功，必須不斷成長和發揮自己的聰明才智，具有健康的人格，立足現實，樂觀、自信，善於及時調整自己的心理狀態，能積極去發掘自己大腦的潛能，發揮聰明才智，持之以恆的為實現既定的目標而努力，而奮鬥，就一定能夠獲得成功。

9 人生的價值在於創造

莫澤桑出生在美國紐約鄉下的一個農民家庭裡，他一生下來，自己的父親就死了。上小學四年級那年，他的母親也跟別人跑了，從此便杳無音信。為了生活，她只能輟學到當地一家農場打工，每天都要五點鐘起床，要做幾十個人的早餐，然後還要割草餵牲畜、熬奶油，每天都要忙到晚上十點鐘才能夠上床睡覺。

就這樣，她在這個農場裡工作了十六年，在她二十七歲那年，她和在另外的農場工作的一個青年雇工湯瑪斯結婚，先後生育了十一個孩子，她婚後的工作就是照料孩子。

很快四十年過去了，在她六十七歲那年，她的丈夫因為意外去世了，此後她就和小兒子夫妻一起生活。從這時起，她的風濕病變得越來越嚴重，最後失去了勞動能力。時間一長，小兒子開始嫌棄她，認為她是一個多餘的人。她為了能夠恢復手指功能，可以幫小兒子夫妻做一些事情，在她七十歲的時候，她用自己過去使用織針和農具的手拿起了畫筆。說是畫筆，只不過是用一個刷漆用的板刷，她就用這個板刷蘸著刷廚房地板和門廊用的油漆來畫畫。

小兒子夫妻對她的存在採取漠視的態度，任憑她每天在自己的門上到處亂畫，直到她創作的一部作品《農場．秋》裝飾在湯瑪斯．德拉格斯特亞的商品陳列窗時，小兒子才大聲驚呼：「天哪，原來我媽媽是個畫家！」此時的她已經七十五歲了，人們從《農場．秋》的署名上，第一次知道了她的名字。

「莫澤斯老奶奶畫家」的稱號很快傳遍了紐約，莫澤斯的作品在紐約的各大報刊上相繼刊載，人們被她這麼大的年齡開始學畫畫的精神所感動，更被她作品中所表現出來的原始而古樸的氣息所震撼。不久，她的畫也被傳到了國外，法國羅浮宮近代美術館以一百萬美元的高價收購了她的一幅作品。在普希金美術館舉辦的莫澤斯的作品展時，有十一多萬人排隊參觀。

莫澤斯從她七十歲開始學畫畫，到她一百零一歲去世前的這二十六年裡，她創作了眾多作品，數量多達三百多幅，其中有一百張多幅作品被世界各地的美術館所收藏。她去世的時候，有成千上萬的人為她送別。

「少年學易老學難成」這句話看起來也許並不夠準確，一個人開花結果的必備條件就是學而不倦。人格的完美有時候是需要用一生來衡量的，一個人要能在想學的時候將其學好，無論到什麼時候都可以說是正當時。

● 微心靈諮商

人生在世，只不過短短幾十個春秋，凡是有遠大志向的人，沒有一個是不可求成功的。可是怎樣才能取得成功呢？莫澤斯老奶奶的傳奇人生告訴我們：人無論年紀有多大，都是能夠有所創造的，人生的價值，需要以一生來衡量。曹操在《龜雖壽》中寫道：「老驥伏櫪，志在千里，烈士暮年，壯心不已」，說的也正是這個道理。莫澤斯老奶奶「人逢七十古來稀」尚且能夠如此的勤奮和如此執著的追求自己的理想，我們年輕人就更應以執著的追求和勤奮的努力來照亮自己的人生。

10　功夫老道自然成

在唐朝有個叫吳道子的人，他在很小的時候就失去了父母，他為了生活只能離鄉背井，外出謀生。

一天太陽快要下山的時候，吳道子走到城外的時候，發現前面有一座雄偉壯觀的寺院出現在眼前，寺院大門的正上方寫著三個大字「柏林寺」，於是他便走進了寺中。他邁進院內，從大殿虛掩的門縫裡看見油燈下一位年邁的老和尚正在殿牆上聚精會神的作畫。吳道子的好奇心湧上心頭，於是悄悄的把門打開，輕輕的走進了大殿之中，站到和尚的身後，默默看著老和尚作畫。老和尚回頭看見了十幾歲上下的吳道子，看著他出神的樣子，心裡很是喜歡，便向吳道子問道：「孩子，你喜歡這幅畫嗎？」吳道子點了點頭。老和尚詢問了他的身世，然後用手輕輕的撫摸著他的頭說：「你如果喜歡學畫畫的話，那我就收你做徒弟吧。」吳道子聽後急忙磕頭拜師。拜完師後，老和尚把吳道子帶到了後殿，指著雪白的牆壁說：「我想在這面牆上畫一幅《江海奔騰圖》，但是畫了多次都不令我滿意，從明天開始，我帶著你到各地的江河湖海周遊三年，等三年過後，再回來畫它。」

第二天一大早，吳道子就收拾好了行李，吃過早餐就跟著老和尚出發了。每走到一個地方，老和尚就會叫吳道子練習畫畫，一開始的時候他還很認真，可是時間一長，吳道子就覺得有些厭煩了，畫的時候就不用心了。老和尚把他叫到身邊對他說：「吳道子，要想把江河湖海奔騰的氣勢畫出來，就必須得下苦功夫，要一個水滴，一朵浪花的畫。」說完，老和尚打開隨身帶的木箱，吳道子一瞅愣住了：箱子裡裝的是滿滿一箱子的畫稿，沒有一張是完整的，上面全是一個小水珠、一朵浪花或一層水波！這時，吳道子才知道自己錯了。

從此以後，他每天開始晚睡早起來學習畫水滴和浪花，就算是遇到颳風下雨的天氣，他也會打著傘到海邊觀望水波的變化。

一轉眼三年過去了，吳道子畫水有了很大的進步，並得到了老和尚的誇獎。可是沒有想到的是回到寺廟的第二天，老和尚就生病了，躺在床上不能動彈。吳道子跪在老和尚的床前真誠的說：「師父，我願意替您畫那幅《江海奔騰圖》。」老和尚見如此年輕的吳道子竟然能夠說出如此有志氣的話，心裡十分的高興，很爽快的答應了。於是吳道子便走進後殿，在雪白的牆上畫起那幅《江海奔騰圖》來。整整用了九個月才將這幅畫畫完，在這九個月的時間裡，他沒有出過一次殿堂，吃喝睡都在裡面，只是為了精心的構思作畫。

有一天，吳道子高興跑出了殿堂，來到老和尚的面前激動說：「師父，我已把《江海奔騰圖》畫出來了！請您過去看一下。」老和尚聽後，很是高興，他沐浴更衣，帶著全寺的和尚一起去後殿欣賞吳道子畫的那幅《江海奔騰圖》。吳道子把後殿大門輕輕打開，只見波濤洶湧的浪花迎面撲來！一位和尚大聲驚呼道：「不好啦，發洪水了！」眾和尚嚇得你擠我撞，爭著逃命。老和尚心裡有底，站在殿門口，看著迎面而來的浪花仰天大笑，衝著吳道子說：「孩子，這就是我想要到那種效果，你畫的這幅《江海奔騰圖》成功了！」

從那以後，來柏林寺觀賞這幅畫的人絡繹不絕，但這並沒有使吳道子變得驕傲，他仍是刻苦學畫，最後終於成為了盛唐時期著名的畫家，被人們稱為「畫聖」。

● 微心靈諮商

功到自然成這個道理告訴我們無論做什麼事都要刻苦練習、仔細的去做，肯下工夫，這樣才能熟能生巧。

第四章　堅持不懈，打開成功大門的鑰匙

1　毅力是理想的翅膀

在很多年以前，有一個窮苦的牧羊人，他有兩個年幼的兒子，由於沒有什麼本領，所以只能靠替別人放羊來維持生計。有一天，他帶著兩個年幼的兒子，趕著羊來到一個山坡上。這時，正好有一群大雁鳴叫著從他們的頭頂飛過，很快便消失在了遙遠的邊際。

這時，牧羊人的小兒子開口向父親問道：「那群大雁要飛到哪裡去呢？」

牧羊人回答道：「他們要去一個很溫暖的地方，並在那裡安家，用來度過寒冷的冬天。」

他的大兒子聽後非常羨慕的說道：「要是我們也能像大雁一樣在空中飛那該有多好啊！那我就要比大雁飛得還要高，我要飛到天堂去看我的媽媽。」

小兒子又對父親說道：「做隻大雁該有多好啊，那樣的話就不用放羊了，可以想去哪裡就飛到哪裡。」

牧羊人低下頭開始沉默，不一會兒他抬起頭對兒子們說道：「你們只要想飛，你們就能夠飛起來。」兩個兒子試了一下，可是結果並不像父親說的那樣，他們並沒有飛起來，他們用懷疑的眼神看著父親。

「讓我飛給你們看一下。」牧羊人說道。於是他飛了兩下，也沒有飛起來。「我是因為年紀大了，所以才飛不起來，你們還小，只要肯努力，就一定能夠飛起來，飛到自己想去的每一個地方。」牧羊人肯定的說。

父親的這句話被兒子們牢牢的記在了心裡，並一直不斷努力著。隨著年齡的成長，他們明白了父親的意思，父親的話只是一個象徵的願景，並不是真的如同大雁一般飛上蔚藍的天空。然而，在他們長大之後，他們真的飛了起來，不是因為長了翅膀，而是因為他們發明了飛機，他們就是美國著名的萊特兄弟。

● 微心靈諮商

在執著的追求之下，理想一定會變為現實的。堅強的毅力是理想的翅膀，有很多理想看起來只不是夢想，讓人覺得遙不可及，甚至就像是做白日夢一樣，但是在不懈努力下，它會將你的夢想放飛，為你的生命創造奇蹟。

2 擁有一顆金子般的心

有一天，上帝發出旨意說：「我指定一條河流，如果哪一個泥人能夠從這條河流走過去，那麼我就賜予這個泥人一顆永不磨滅、像金子一樣的心。」

當這道旨意下達之後，泥人們很長時間都沒有反應。不知道過了有多長時間，終於有一個小泥人站了出來，他說他可以試一試。

「你不要做夢了，泥人怎麼能夠過河呢？你走不到河中心，就會被河水淹死的！當你的肉體一點點失去時是一種什麼樣的感覺嗎？你將會成為魚蝦們的美餐，甚至連一塊骨頭都不會留下……」其他的小泥人們也這樣的勸著他。可是這個小泥人執意要過河，因為他不想一輩子就做一個泥人，他想擁有一顆金子般的心。但是，他也很清楚的知道，想要擁有上帝賜予的金子般的心就必須遵循上帝的旨意，即使能夠到達天堂，也必須從地獄經過。而這個地獄，就是他將要去經歷的那條河流。

小泥人來到河邊之後顯得很猶豫，但最後他還是堅定了決心，將自己的雙腳踏進了水中，頓時撕心裂肺的痛楚淹沒了他，他感到自己的腳在飛快融化著，正在每時每刻的和他的身體遠離。

這時河水勸他說：「趕緊回到岸上去吧，不然你會死在這裡的。」

小泥人沒有回答，只是一步步的向前挪動著自己的雙腳。此時，他忽然明白，他的選擇使他連後悔的機會都沒有了。如果回到岸上，他就是一個殘缺的泥人，在水中遲疑，只會加快自己的毀滅，上帝給他的那個承諾比滅亡還要遠得多。

小泥人就這樣倔強而孤獨的向前走著。他覺得這條河簡直是太寬了，就好像永遠都走不到盡頭一樣。小泥人向對岸望去，看見了那裡碧綠無垠的草地和像錦緞一樣的鮮花，還有輕盈飛翔的小鳥，也許那就是天堂的生活，可是他幾乎不可能抵達。那裡沒有人知道他，知道他這樣一個小泥人和他那個夢一樣的理想。上帝沒有賜給他出生在天堂當花草的機會，但是這不能怨上帝，因為上帝給了他做泥人的權利，是他自己放棄了泥人安穩的生活。

小泥人以一種不可思議的方式一點點的向前移動，魚蝦們貪婪的吸食著他的身體，每一次移動都讓他搖搖欲墜，有無數次都被河水嗆得幾乎窒息。他真想躺下來休息，但是他知道，如果躺下來就會永遠安眠在這裡，他只能忍受，再忍受。

不知道過了多長時間，就在小泥人感到絕望的時候，他突然發現自己已經上了岸，他如釋重負，欣喜若狂。這時，他低下頭開始打量自己，卻驚奇的發現，自己的身體除了還有一雙眼睛和一顆金燦燦的心之外什麼都沒有了，而他的眼睛就長在他的心上。

天堂裡從來就沒有什麼事情是幸運的。小鳥要失去過無數根羽毛，才能夠錘鍊出凌空的翅膀；花草的種子要穿越沉重黑暗的泥土，才得以在陽光下發芽微笑。不僅如此，上帝也是那個曾經在地獄中走了最長的路、掙扎得最艱難的那個人。作為一個小小的泥人，他只有以一種奇蹟般的毅力和勇氣，才能夠讓生命的激流將靈魂的汙濁之物蕩清，然後找到自己本身就有的、那顆金子般的心。

● 微心靈諮商

與其等待命運的安排，不如自己去主宰命運。有句話說的好：「生命的長度雖然我們不能決定，但是我們可以拓展它的寬度。」對夢想的追求也正是拓展生命寬度的一種方式。在追求自己夢想的過程中，對自己勇氣與毅力的檢驗也會是一種收穫。我們對夢想的追求是一種人生的目標，而不是一種奢望。勇敢的泥人為了實現自己的夢想，雖然遍體鱗傷的渡過了這條苦難之河，卻錘鍊出了一顆金燦燦的心。其實，想要獲得一顆金子般的心並非不可能，關鍵是你想不想去獲得，敢不敢獲得？最後，怎樣去理解和認識這種獲得。如果我們擁有這種精神，那麼夢想便近在咫尺。

3　失敗了要再爬起來

有很多人會這樣來告訴自己：「我已經進行過了嘗試，可是很不幸，我失敗了。」其實這樣告訴自己的人根本就沒有搞清楚失敗的真正含義是什麼。

大部分人在一生中都不可能是一帆風順的，遭受挫折和不幸是在所難免的。但是成功者和失敗者有一個非常重要的區別。成功者從不言敗，在一次又一次挫折面前，總是對自己說：「我不是失敗了，而是還沒有成功。」失敗者總是把挫折當成失敗，從而使每次挫折都能夠深深打擊他追求勝利的勇氣。一個暫時失利的人，如果繼續努力，打算贏回來，那麼這根本就不是真正的失敗，如果他失去了再次戰鬥的勇氣，那他就是徹徹底底的輸了。

莎莉．拉菲爾是美國著名電台的廣播員，在她三十多年的職業生涯中，曾經被辭退過十八次，但是她並不氣餒，每次都放眼高處，確立更加遠大的目標。在當時的美國，大部分的無線電台認為女性不能吸引觀眾，沒有一家電台願意僱用她。她好不容易在紐約的一家電台謀求到一份差事，可是不久就又被辭退了，被辭退的理由是她跟不上時代。莎莉．拉菲爾並沒有因此而灰心喪氣。她對失敗進行了總結，並從中吸取了教訓，然後便又向國家廣播公司電台推銷她的節目構想。電台勉強答應了，要求她先在政治台主持節目。此時她有一些猶豫，因為她對政治知道的並不多，害怕不能成功。她也一度猶豫，但堅定的信心促使她大膽去嘗試。她對廣播早已是輕車熟路，於是她利用自己平易近人的作風和自己的長處，大談即將到來的國慶日對她自己有什麼樣的重大意義，還請觀眾打電話來將自己的感受與大家一起暢談。聽眾立刻對這個節目產生興趣，她也因此而一舉成名。如今的莎莉·拉菲爾已經成為了自辦電視節目的主持人，並兩度獲得了重要的主持人獎項。她在談到自己的職業生涯時說：「我曾經被人辭退了十八次，本來我會被這些厄運所嚇退，從而做不成我想做的工作。可是結果卻正好相反，正是這些厄運鞭策我要勇往直前，才使我取得了今天的成就。」

還有一個很好的例子，這個例子的主人翁是美國的百貨大王梅西。他出生在西元一八八二年的波士頓，他年輕的時候出過海，之後開了一家小雜貨鋪，賣一些針線之類的小商品，但是由於生意不景氣，鋪子很快就倒閉了。一年之後他又開了一家小雜貨鋪，其結果和上次一樣。

在美國進入淘金熱的狂潮時，梅西在加利福尼亞開了個小飯館，本以為為淘金客供應膳食是一個穩賺不賠的買賣，誰能想到大多數的淘金者都是一無所獲，因此什麼也買不起，這樣一來，小飯店又沒能逃避倒閉的厄運。

從此以後，梅西回到了麻薩諸塞州，做起了布匹服裝生意，這一次他信心滿滿，可是命運似乎是在和他開玩笑，這一回不僅是倒閉，簡直就是傾家蕩產。但是梅西並沒有死心，他跑到了新英格蘭做布匹服裝生意。這一回他的運氣終於來了，買賣做得也很靈活，甚至把生意做到了街上商店。在第一天開業的時候，帳面上的收入只有小小的十一美元，而現在的梅西公司已經成為世界上最大的百貨商店之一，它就位於曼哈頓的中心地區。

一個人不能把眼光拘泥於挫折的痛苦之上，如果這樣，那他就很難再抽出身來想一想自己下一步該做些什麼，最後怎樣才能獲得成功。一個拳擊運動員曾經說過：「當你的右眼被打傷時，左眼還得睜得大大的，這樣才能夠看清敵人，也才能夠有機會還手。如果左眼也和右眼一樣同時閉上，那麼不僅左眼也要挨拳，恐怕連命都要搭上」拳擊就是這樣，即使面對對手無比強勁的攻擊，你還是得睜大眼睛面對受傷的感覺，如果你不這樣做的話，失敗的一定會更慘。其實我們的人生也是同樣的道理。

● 微心靈諮商

失敗是一筆財富，誰擁有了它，誰的人生履歷便不會蒼白。當然，如果背負太多，就會讓人氣喘吁吁，寸步難行，同時，失敗也是一種兩可的境地：它既可以成為埋葬一切的墳墓，也可以成為「而今邁步從頭越」的起點。「失敗了再爬起來」，看起來是一句鼓舞失敗者最好的話，但是要真正實現起來，需要的是自我鼓勵的特質和勇氣。

4　做自己能夠做好的事

以撒艾西莫夫是美國著名的作家，人們曾請他對自己的經歷進行一下簡述，他這樣說道：「我決定取得化學方面的哲學博士學位，我做到了；我決定娶一位非比尋常的女孩作為妻子，我做到了；我決定寫故事，我做到了；然後我決定寫小說，我做到了；以後我又決定寫論述科學的書，我也做到了。最後，我決定成為一位整個時代的作家，我也做到了。」

這些話聽起來非常的幽默，但這些話只能從信心十足的人口中說出來。艾西莫夫的自信有他自己的道理。他很有自知之明，也擁有實力雄厚的知識。「知識就是力量」就是他最先提出來的，而這句名言現在早已成為了家喻戶曉的真理。這位生物化學副教授曾在波士頓大學的實驗室裡工作著，但是他卻在那裡斷定：自己的前途應該是在打字機上，而不是在顯微鏡下。他回憶道：「我明白，我絕不會成為一個第一流的科學家，但是我可能成為一個第一流的作家。於是我做了這樣的選擇，我要成為一個第一流的作家，我要做我能夠做得最好的事情，事實證明我的選擇是正確的。」

在他作出決定之後，他就以驚人的速度不停的寫，更精確說，是在打字機上不停的打。他的大腦和雙手一樣，幾乎就沒有停歇的時候。因為在他的腦海之中，從來不會少於三個同時醞釀的創作題材。一星期七天他總是坐在堆滿了各種各樣書籍報刊的辦公桌旁，每天在打字機旁至少打八個小時的字。他以每分鐘九十個英文字的速度一邊打一邊構思。但手指的動作仍跟不上風馳電製般的思緒。他寫一本書常常都是只用一個星期，當他的手稿剛從打字機上取下就直接送給了排字機。

以撒艾西莫夫已經成為當代的一本活百科全書，創作和編輯過的書籍超過五百冊，不僅他的精神感人之深，他的著作的影響力也非常巨大。

● 微心靈諮商

在充分了解自己的潛力和特長的基礎之上，並對自己充滿信心，相信自己能夠成為什麼樣的人，並為之付出相對的努力，那麼你就會成為什麼樣的人。

如果做到了「做自己能夠做好的事」，這樣每個人就都能達到自己的目的，生活就會蒸蒸日上，精彩紛呈。自然，社會就會有很大的發展，也會變得更加和諧。

5　想成功，就不要怕路遠

有這樣一個農民，由於家裡沒有錢再供他上學，所以他初中唯讀了兩年，便輟學回家幫父親打理那三畝薄田。在他十九歲的時候，父親生病去世了，從此以後，家裡所有的重擔都壓在了他一個人的肩上。他不僅要照顧體弱多病的老母親，還要照顧已經癱瘓在床數年的祖母。

一九八〇年代的大陸農村，實行家庭聯產承包責任制。他想透過養魚賺點錢，於是把一塊水田挖成了池塘。但是他很快就接到了里長的通知，說水田只能種莊稼，不能養魚，他只好又將池塘填平。從此以後這件事成了鄉親們的一個笑話，在別人的眼中，他是一個非常想發財，但是又非常愚蠢的人。

後來他又聽說養雞能夠賺錢，於是他就向親戚借了五百元，養起了雞。但是養了沒多久就發生洪水，洪水過後，雞得了雞瘟，沒過幾天全都死了。五百元對於其他家庭來說可能不算什麼，但是對於一個只靠三畝薄田生活的家庭而言，卻是個天文數字。他那體弱多病的母親受不了這個刺激，沒過多久就憂鬱而終了。

後來他捕過魚，也釀過酒，甚至還在石礦的懸崖上幫人打過工，可是都沒有賺到什麼錢。到他三十五歲的時候，他還沒有娶上老婆。因為他只有一間土屋，隨時都有可能被一場大雨沖垮。所以即使是離異的女人也看不上他。娶不上老婆的男人，在農村是沒有人看得起的，但他還想搏一搏，就四處借錢買了一輛手扶曳引機。不料，上路不到半個月，這輛拖拉機就載著他衝入一條河裡。他斷了一條腿，成了瘸子。而那拖拉機，雖然被人從水裡撈了上來，但卻已經破爛不堪了，只能把它當作廢鐵給賣了。

幾乎所有的人都認為他這輩子就這樣完了，可是後來出乎所有人的預料，他成了他所在城市的一家公司的老闆，淨資產有兩億多元。現在，許多人都知道他苦難的過去和富有傳奇色彩的創業經歷。他接受過很多家媒體的採訪，也有過很多的報告文學對他進行過描述。但有一個情節讓我記憶猶新。

有一個記者問他：「在苦難的日子當中，是什麼在鼓舞著你，讓你一次又一次毫不退縮？」

他坐在寬大豪華的老闆座椅上，拿著一個裝著水的玻璃杯，他將杯裡的水喝完，然後把玻璃杯握在手裡，反問記者：「如果我鬆手的話，這個杯子會有什麼樣的後果？」

記者回答道：「摔在地上摔碎了。」

他說：「我們可以試一下。」

他把手鬆開，杯子掉在了地上，並發出了清脆的響聲，但是杯子並沒有破碎，而且完好無損。他說：「無論有多少人在場，他們都會認為這個杯子必碎無疑。但是，這個杯子不是普通的玻璃杯，而它是用強化玻璃製作的。」

像他這樣的人，只要上蒼不剝奪他的生命，即使只剩下最後一口氣，他也會努力去握住成功的雙手。

●微心靈諮商

一個人無論做任何事情，都要花費一番苦功，只有經過無數的考驗、血汗、苦淚和磨礪之後，才能成為一個成功的人。在面對無法預料的磨難和威脅的時候仍能夠堅定自如的去發現和追尋最後的成功，這樣的人才能被稱之為英雄，這樣的人也必然會獲得成功。

6 尋找通向成功的捷徑

有一個剛畢業的大學生，經過不斷努力，終於找到了一份工作到海上石油鑽井平台的工作。在他第一次到海上石油鑽井平台工作的時候，領班讓他在指定的時間內登上幾十米高的鑽油台上，將一個盒子交給上面的一名更高級別的主管。於是他非常小心的提著這個盒子，快步的登上了狹窄的階梯，將這個盒子交給了鑽油台上的主管。主管接過盒子，只是在上面簽了一個名，連盒子裡的東西看都不看一眼就又遞回到了他的手上，讓他再將盒子交給那個領班。領班也是同樣的在這個盒子上簽了一個名，又叫他將盒子交給主管。他非常疑惑的看了看領班，但他還是依照領班的吩咐去做了。

當他第二次爬到頂的時候，都已經累的快喘不上氣來了，而主管則是像第一次一樣在盒子上簽個名，然後讓他再次將盒子送給領班。他再次將盒子交給了領班，領班依舊和上次一樣，簽完名後讓他將盒子交給主管。此時他已經開始有些發火了，他瞪了領班一眼，抓起盒子生氣的往上爬，到達主管所在的地方時，身上的衣服已經完全濕透了。他將盒子遞給主管，可是主管卻頭也不抬的向他說道：「將盒子打開吧！」這個時候他再也無法忍受心頭的滿腔怒火，將盒子重重的摔在了地上，然後大聲的向主管吼道：

「老子不做了。」

這時主管站了起來，自己將盒子打開了，從盒子裡拿出了一瓶香檳。然後歎了口氣，對他說：「你剛才所做的一切，叫做極限體能訓練，因為我們是在海上作業，會時常遇到一些突發的狀況及危險，所以每一位隊員都必須具備極強的體力與配合度，以此來面對各種考驗。你前兩次都順利的通過了，就只差這最後一步你就可以通過考驗了，實在是太可惜了。看來是你是沒有辦法享受這美味的香檳了，現在你就可以離開這裡了。」

有一位教書先生，在開學的第一天，他對學生們說：「今天我們要做一件最容易、最簡單的事。每個人都把自己的胳膊往前甩，然後再往後甩。」然後向大家做了一次示範。先生又接著說：「從今天開始，每天做三百次，你們都能做到嗎？」學生們聽後都笑了起來。這麼簡單的事情，怎麼會做不到呢？

一個月過後，先生問學生們：「每天堅持甩手三百次的請舉手。」有大約百分之九十的同學驕傲的舉起了手。又一個月過去後，先生又像上次一樣問學生們，而這次堅持下來的學生剩下了不到百分之八十。

一轉眼，一年過去了。先生再次問大家：「請告訴我，還有多少人在堅持做那個最簡單的甩手動作？」這個時候，教室裡只有一個學生舉起了手。這個學生就是日後的古希臘著名大哲學家柏拉圖。

● 微心靈諮商

其實很多事情都不是很難，可是反覆的去做就會顯得更加的枯燥無味；也有很多事情並不是那麼的簡單，但卻總是透著新奇，所以也就能夠善始善終。成功只垂青於那些能夠堅持到最後的人。所以說，要想走向成功，只有唯一的一條捷徑，這條捷徑就是持之以恆。

7 成功的背後——持之以恆

有一位著名的行銷大師，他即將告別自己的推銷生涯。他應社會各界和行業協會的邀請，將在城市最大的會展中心，為告別自己的職業生涯進行一次演講。

演講的那天，會展中心座無虛席，人們都在熱切的、焦急的等待著這位當代社會最偉大的推銷員做精彩的演講。演講用的主席台的正中央吊著一個巨大的鐵球。為了這個鐵球，台上架起了高大的鐵架。

一位老者在人們熱烈的掌聲中走上了主席台。他身穿一套紅色的運動服，腳穿一雙白色的休閒鞋。人們都很驚訝的看著他，不知道他要做什麼。

這時上來兩名工作人員，他們手中抬著一個很大的鐵鎚，走上來將鐵球放在了老者的前面。接著，主持人對觀眾們說：「請兩位身強力壯的年輕人到台上來。」主持人剛一說完，有很多的年輕人站了起來，轉眼之間，就已經有兩個動作最快的年輕人跑到了台上。這個時候，老者向這兩個年輕人說：「請你們用這個鐵錘去敲打吊在半空中的鐵球，直到鐵球蕩起來為止。」剛說完，一個年輕人就搶先拿起了大鐵錘，拉開架勢，掄起大鐵錘，用力的朝那個鐵球砸去。一聲震耳的響聲過後，那個鐵球紋絲沒動。他用大鐵錘一次又一次的砸向那個鐵球，很快就累得不行了。另一個年輕人急忙過來，接過大鐵錘，把大鐵球砸得叮鐺直響。可是鐵球仍舊和以前一樣，一動都沒動。台下的吶喊聲逐漸消失了，觀眾們都認為那是沒有用的，都在等著老者能夠給出一個合理的解釋。

會場變得異常的安靜，老者從自己衣服的口袋裡掏出了一個很小的錘子，然後很認真的對著那個大鐵球。他對鐵球「咚」的敲了一下，然後停頓了一下，再次用小錘「咚」的敲了一下，然後又停頓一下。人們都很奇怪看著他，可是老人還是像前兩次一樣，又「咚」的敲了一下，然後停頓一下，就這樣持續不停。十分鐘過去了，二十分鐘過去了，半小時過去了，會場開始變得騷動起來，有的人甚至說起了髒話，人們都在用各種各樣的聲音和動作發洩著心中的不滿。老者仍然用小錘不停的敲打著大鐵球，他好像根本沒有聽見會場上的叫喊聲。有些人開始憤然離場，會場上出現了大片的空白。留下來的人似乎也都喊累了，會場逐漸變得安靜了下來。

在老人進行到五十分鐘左右時間的時候，坐在最前排的一位婦女突然尖叫了一聲：「球動了，球動了！」剎那之間，會場變得鴉雀無聲，人們都在目不轉睛盯著那個大鐵球。那個球以很小的幅度擺動了起來，不仔細看是很難覺察到的。老人依舊一下一下的敲打著，在場的人都看到了那個被小錘敲打的大鐵球動了起來，並在老者一錘一錘的敲打中蕩的越來越高，它拖動著那個鐵架子「哐、哐」作響，它的巨大威力強烈震撼著在場的每一個人。終於會場上爆發出一陣雷鳴般的掌聲。在掌聲之中，老者停止了敲打，他轉過身來，將小錘裝進了口袋裡。

這時老人開始說話了，他只說了一句話：「在成功的道路上，你必須要有足夠的耐心去等待成功的到來，如果沒有，就只能用一生的耐心去面對失敗。」

● 微心靈諮商

通往成功的道路上充滿著太多的挫折與坎坷，每天都要重複著一項單調、枯燥乏味的工作。如果沒有耐心和持之以恆的精神，就只有面對失敗了。水滴石穿、繩鋸木斷，無論做任何事情，只要有耐心堅持下去，就一定能夠取得成功。

8 做一條拒絕沉沒的船

有一個人在他還非常小的時候，他的父母就離婚了。他還常常受其他孩子的欺負，總是一次次的被打倒在地，不願再受欺負的他喜歡上了拳擊。在他的骨子裡有一種硬氣，這股硬氣激勵他成為一個像拳王阿里那樣的人。在他高中畢業之後，就踏上了職業拳擊這條道路，他不服輸的性格令他創下了五年內十七次擊倒對手的傲人戰績。但是很不幸，在一九七一年的一場拳擊比賽中，他的頭部受到了對手的重創。沒有辦法，他只能揮淚告別拳壇。

從此以後他開始變得落魄，身無分文的他一個人來到了紐約。在這裡他參加了一個演員培訓班，白天靠打工維持生計，晚上拼命學習表演。默默跑了足足七年的龍套之後，一九七九年，二十二歲的他得到了一個寶貴的機會，在大導演斯蒂芬·史蒂芬史匹柏執導的《1941》中充當了一個小角色，他終於踏進了好萊塢的大門。他的生活也因此變得一點點好起來。

他最春風得意的一年是一九八三年，那一年他主演了《局外人》和《鬥魚》兩部電影。在這兩部電影中，他的戲碼很重，演得也格外出彩，一時間好評如潮。他的性感形象深入人心，被評為「美國最性感男人」。年少輕狂的他開始目空一切，生活也更加放蕩不羈。但命運之神搖搖頭，為他打開另一扇門。

他主演的黑幫電影《龍年》，由於講述的是美國員警對抗紐約華人黑幫的故事，上映後遭遇到了當地華人的強烈抵制，票房不用說，肯定是很慘，這對他來說是個不小的打擊，性格暴躁的他決定不再當演員，他要重返拳壇。

這一返拳壇就是四年，在這四年裡他算得上是戰功顯赫，但是隨付出的代價也是無比的慘重。沉溺菸草、酒精，還有對手瘋狂的擊打，都讓大帥哥的臉開始嚴重變形。更慘的是整容還碰上庸醫。嘴被整得乾癟，額頭因為注射了玻尿酸變得不再生動。從他的臉上，已經看不到當年那個好萊塢寵兒的一絲影子，腦子也在無數次無情的擊打中嚴重受損。無奈的他再一次回到影壇，渴望東山再起。由於他不能收斂自己的火暴脾氣，總是對家人實施家庭暴力，一九九四年他因此而入獄。

反覆無常、殘缺不堪的命運令他不能左右自己的情緒，這些都令他痛不欲生，他也曾因此多次想結束自己的生命。當他看到自己的那個最親密的朋友用可憐巴巴的眼神看著自己的時候，好像在對自己說：「如果你死了，那誰來照顧我呢？」於是他打消了這個可恥的想法，因為他不忍心讓這條陪伴了自己十八年的老狗無人照顧。他決定變得振作起來，他又一次殺回了影壇。

再次殺回影壇的他已經沒有了當年那張英俊的臉孔，他的尖銳也被時光所磨平。在螢幕上出現的是一張熟悉而又陌生的「新面孔」。斑駁的臉、花白的頭髮和永遠都叼著的菸，一個內心平靜、中規中矩的個性演員。在《萬惡城市》中他扮演了心地善良、面目猙獰的壯漢馬弗，他為了心愛的人而豁出性命去復仇，他在這部影片中的表演得到了影迷們的認可，也再次受到了影迷們的關注。

《力挽狂瀾》這部影片給了他一個重新實現自己的寶貴機會。他在這部影片之中演的是主人公蘭迪，蘭迪的境遇和自己是那麼的相像，他覺得就像是自己在演自己一樣。《力挽狂瀾》這部影片不僅獲得了威尼斯金獅獎，他也因這部影片贏得了多個最佳男主角的提名。

愛過方知情重，醉過方知酒濃。這個男人名叫米基·洛克，現在的他早已不是《鬥魚》中的性感帥哥，也不再是拳擊場上嘶吼拼命的那個毛頭小子。五十三歲的他面對任何事情都非常的淡定，在他看來，人間的紅紫都只不過是過眼雲煙罷了。

● 微心靈諮商

米基·洛克帶給我們的是一種力量，一種角色，一種精神。就像英國的一家船舶博物館裡收藏的一條船一樣，這條船自下水以來，二十七次被風暴折斷桅杆，十三次起火，一百三十八次遭遇冰山，一百一十六次觸礁，但是它一直沒有沉沒。它雖然已經傷痕累累，但卻依然百折不回、勇往直前、拒絕沉沒，這是一條啟示，也是一個人的精神。

9 堅持就是勝利

在美國的大學籃球隊裡有一個被人稱為是全世界最頂尖級的籃球教練，無論多爛的球隊，只要他去到那裡，一兩個賽季就會變得很強，甚至可以打入全美大學的總冠軍賽。有一個學校的籃球隊很爛，每年都輸球，所以在冬季職業聯賽的時候，這個學校的董事會決定將那個全世界最棒的教練請來作為校籃球隊的教練。

在這個全世界最棒的教練到來的時候，這個大學籃球隊已經連續輸了十一場比賽，這個教練對他們說：「過去不等於未來，沒有失敗，只有暫時停止的成功。」這些學生們都充滿熱情的說：「你講得有道理。」於是這個教練開始凝聚這個團隊的向心力，在第十二場比賽之前，他對隊員們說：「各位，你們有沒有信心？」他們說：「有！」「我們這次能不能取得成功？」「會！」

在第十二場比賽中場休息的時候，球隊落後三十分。這個時候的球員都快哭出來了。這個教練開始問他們：「在座各位，請問你們覺得自己會輸球嗎？」他們說「不會！」嘴巴講「不會」，但心裡頭已經說：「一定會輸的。」

緊接著教練激勵他們說：「在座各位，假如今天籃球之神麥克．喬丹連續輸了十一場比賽，第十二場比賽中場落後三十分，你們覺得麥克．喬丹會不會放棄？」球員們異口同聲的回答：「不會！」「你們覺得拳王阿里當鐘聲還沒有響起來，雖然處於落後的狀態，拳於阿裡會不會放棄呢？」又是一句「不會」迴響在休息室裡。「你們覺得發明電燈的愛迪生在發明出電燈之前，他會放棄嗎？」「不會！」震耳欲聾的聲音在整個休息室裡迴盪。

「請問米勒會不會放棄？」

在場的所有隊員都愣住了，有人向教練問道：「請問教練，米勒是誰，沒有聽說過？」

教練說：「這個問題問得很好，因為米勒在以前比賽的時候放棄了，所以你不可能聽說過他的名字。」

● 微心靈諮商

成功，只要你不放棄，你就有機會，只要放棄，那成功肯定不會屬於你。這就是成功的祕訣。做任何事情，不到最後就不會代表結果。誰充滿自信，誰一直在努力，誰就能扭轉乾坤，從而達到自己的頂峰，實現自己的夢想；誰不思進取、滿眼悲觀，誰就會被淘汰，因為從一開始你就已經被自己淘汰了，一個人應該懂得為自己鼓掌，一個不為自己鼓掌的人，就不要奢望別人會給你掌聲。

10　永不言棄

如果有一天你獨自一人走在茂密的森林裡，並在森林裡迷了路，而且不可能有人來幫助你，這時的你應該怎麼做呢？你無論做什麼，都一定要活下去，只要活下去，就會有希望，只要有希望，就有走出森林的那一天。

當一切看上去都是那麼絕望的時候，你一定要保持好的心情，只有這樣你才能將希望的力量握在手中，並體會到生命的真諦。

賓．哈里遜是一個雙腿癱瘓卻能夠「把負作用變成正作用」的男人。當有人問他是因為什麼原因導致他的雙腿殘廢的時候，他會說「那是一九二九年的事情。」他微笑著說道，「我想在院子裡搭個豆棚架，打樁需要木材，於是我開著車子出門砍伐一堆核桃木。在回家的途中，有一根木材滑落在地，我來個急轉彎想回頭撿起，就在這時，方向盤突然失靈了，車子就此翻落在河堤上，我的脊椎骨被木頭撞傷，兩腿就此癱瘓了。當時我只有二十四歲，從此以後我就只能坐在輪椅上了。」

二十四歲是一個人最美好的年齡，而他卻遭遇到其一生中必須坐輪椅的厄運！但他並沒有因此而變得消沉，而是非常的開朗和歡愉，有人問他為什麼能夠如此的開朗和歡愉呢?他答道:「起初,我怨恨,我反抗,詛咒命運。但隨著時日的消逝,我發覺反抗只是徒增自苦而已,而從我變成殘廢以來,不論是認識的還是不認識的人,待我都非常的親切,從此以後,我就開始要求自己對別人也應以禮相待。」

「你是否認為那次事故是可怕的不行呢?」又有人問。「當然不是。」他立即答道,「如今,我反倒有點慶幸。」他說。自他擺脫內心的衝擊和怨恨後,開始進入新的生活天地,整日與文學名著為伍。十四年來,他總共讀了一千四百多本書。這些書籍使他的視野得到了開拓,使他的生活得到了充實。此外,又可淨化他的心靈,但最大的變化是他擁有了充分思考的時間。他說:「從那次事故以後,我才具備觀察世界的能力,能夠判斷事物的價值,這時我才發現,原來我以前所嚮往的大部分事情都是沒有價值的。」

由於廣泛的閱讀,他對政治產生了濃厚的興趣,他除了致力於公共問題的研究外,還經常坐著輪椅到各地去演講。他也因此而結識了很多的朋友,很多的人也開始認識他。

在我們身邊有很多身體殘疾卻一直堅強的人他們都在傳遞著這樣一句話:「無論遇到什麼樣的事情,都應該快樂的活下去!」

●微心靈諮商

「永不放棄」不是目的，最終的目的是成功，對每次錯誤都必須進行檢討、總結、改正和調整，只有這樣才能使障礙成為前進的階梯。成功的過程，其實就是不斷克服障礙的過程。障礙不是來阻擋我們的，而是來幫助我們的，障礙告訴我們你要怎樣做才能更快的取得成功。

第五章　改變自己，最容易贏得勝利的方式

1 為自己建造未來的「房子」

有一個臨近退休的老木匠，手藝非常的出眾。一天，他告訴老闆說：「我將要離開建築行業，我要回家跟妻子和兒女享受天倫之樂。」

老闆對這樣一位手藝出眾的木匠的離開很是不捨，問他是否能幫忙再建一座房子，老木匠很爽快的答應了。但是他的心已不在工作上了。房子很快就建好了，在房子建好的時候，老闆把房子大門的鑰匙遞給他，並對他說：「這是你的房子，是我送給你的禮物。」

聽到老闆的話時，他感到非常的震驚，羞愧得無地自容。如果他早知道他所建造的是自己的房子，他肯定不會這樣做的。現在他只能住在一幢粗製濫造的房子裡了。

回過頭來想一想，我們又何嘗不是這樣呢。我們總是在漫不經心的「建造」自己的生活，不是積極行動，而是消極應對，做任何事情都不肯精益求精，在關鍵時刻不能盡最大努力。等我們驚覺自己的處境時，我們早已被自己建造的「房子」深深困住了。

王超在一家行銷企劃公司上班。有一天，一個朋友找到了他，說他們公司想做一個小規模的市場調查，說這個市場調查很簡單，他自己再找兩個人就能夠完成，希望王超能夠出面把業務接下來，讓他去運作，最後的市場調查報告由王超把關，完成後會給王超一筆費用。

這筆業務確實很小，沒什麼大的問題。在報告出來之後，王超明顯看出了其中灌水，但王超只是略微做了一些改動和文字加工，就把報告交了上去。對王超來說，這件事情就這樣過去了。

有一天，幾個朋友拉王超組成了一個項目小組，然後去到都市完成一家大型商場的整體行銷方案。可是很不幸，對方的業務主管明確提出對王超的印象很不好，因為上次那向市場調查項目的委託人正是這個主管。

王超聽後目瞪口呆，無言以對。這件事給王超以極大的刺激，現在回頭來看，當時王超得到的那點錢根本就不值一提，但為了這點錢，王超竟然給自己造成了這麼大的負面影響。

因此，無論是在生活中還是在學習中，都不要打發和糊弄任何事情，即使是很微不足道的事情也是如此。

● 微心靈諮商

在我們的日常生活中，沒有什麼小事情是可以打發和糊弄的，「種下什麼種子，將來必定收穫什麼樣的果子。」很多時候，我們會不經意的處理、打發掉一些自認為不重要的事情或人物，但這種隨意、不負責、不敬業或者是不道德的行為會造成一些很不好的影響或後果，在你以後的人生道路上，它會在某個時候突然顯現出來，令你對當年的行為後悔不已。我們應該把自己當成是那個木匠，想想我們的房子，每天你釘一顆釘，加一塊板，或者豎起一面牆，都要用我們的智慧好好建造。我們的生活是一生中唯一的創造，是不能抹平重建的，即使只有一天可以活，那也要活得高貴、活得優美，並始終牢記「生活是自己創造的。」

2　懶惰是一種壞習慣

有一個國王非常的聰明，他非常注重人民的細心和勤勉，也非常懂得如何教導自己的臣民養成好的習慣。

他經常這樣說：「如果一個國家的人民只期待他人幫助自己解決問題，那麼好運就不會降臨這個國家，因為上帝總是將好運降臨在那些將命運掌握在自己手中的人。」

有一天晚上，他趁著其他人都睡覺的時候，將一塊大石頭放在通往皇宮的路上，然後他躲在路邊看會發生什麼事情。

首先過來的是一輛滿載貨物的馬車。「這是誰那麼粗心大意，竟然把石頭丟在了路中間？」車夫一邊說著一邊把馬車轉向，從石頭旁邊繞了過去。「為什麼現在的人這麼懶惰，竟然沒有一個人將石頭移走。」儘管他在不斷抱怨其他人的懶惰，他卻連馬車都沒有下，更別說是將石頭移走了。

過了一會兒，又有一位年輕的戰士唱著歌走來。在這一路上他一直在心裡想著自己在戰場上是多麼的英勇，他並沒有看到路上的石頭，直到石頭差點將他絆倒。他生氣舉起劍，咆哮著責罵過路人的懶惰，竟然沒有人把它搬走。然而他也沒有將石頭移走，而是跨過石頭走遠了。

時間一天天的過去，有很多人從這條路上經過，但卻沒有一個人將這塊石頭移開。直到有一天晚上，一個貧窮的青年正好經過。他每天天一亮就到外面去工作，每天回來的時候都非常的疲憊。他走著走著看到了這塊石頭，自言自語：「這麼黑的天，如果有人經過這裡會被石頭絆倒的，我應該把它搬到路邊，讓別人免受其害。」

年輕人開始移動石頭，此時的他已經非常的勞累，石頭也很大，他費了很大的力才把這塊石頭搬到路邊。但讓他驚訝的是，石頭被移開之後，下面竟然有一個盒子。盒子上面寫著一句話：「送給挪開石頭的人。」他將這個盒子打開，裡面裝著滿滿的一盒金子。

當那個曾經在這裡經過的農夫和戰士以及其他人聽說這個消息之後，馬上聚集到曾經放石頭的地方，在附近仔細尋找，希望也能發現金子，但結果卻讓他們失望而歸。

● **微心靈諮商**

我們經常會遇到障礙與重擔。如果選擇繞過，可能會因此失去成功的機會，懶惰的代價往往是失望，等於繞過機會。機會從來就是垂青有準備的頭腦。任何繞過障礙並且懶惰的人，在繞過障礙的同時，其實也是在繞過機會，他們的所得往往也是少之又少。

3　別讓固執害了你

在非洲尼羅河的兩岸，分布著不計其數的大大小小的湖泊，在這些湖泊裡生活著一種短吻鱷。小鱷魚從孵化到成熟只需要短短的兩年時間。按照這種速度計算，不到二十年，短吻鱷就會將整個非洲大陸鋪滿。

短吻鱷種群之所以沒有壯大跟牠們固執的習性有很大的關係。雌鱷從不在自己居住的地方產卵，而是要爬到很遠的湖泊岸邊。牠們像海龜一樣在沙堆上挖出一個坑，將卵產在沙坑裡，然後將沙坑填平，再回到原來居住的地方。卵在溫熱的沙中孵化，幼鱷孵化出來之後，便會把身邊的湖泊當作自己永久的家，除雌鱷在產卵的時候離開一段時間外，其餘的鱷魚決不會離開所居住地的湖泊。

每年旱季到來的時候，很多湖泊都會因為長時間乾旱而乾涸，這個時候，其他種類的鱷魚都會爬到其他的地方尋找新的棲息地，就只有短吻鱷在黏稠的泥漿中牢守故居。如果在一週之內能夠突降暴雨，短吻鱷會甦醒過來重新生活，但是如果一週之後依然是驕陽似火，那麼短吻鱷就會被乾死在乾涸的湖泊裡。

還有這樣一個故事：有一隻鳥長得非常美麗，牠生來就有一雙健全有力而又美麗的翅膀，但是牠從出生到長大都只是用雙腳在有限的地面上跳躍前行，卻從來都不試著張開雙翅在無邊無際的天空中翱翔。

其他的同伴在天空中看到牠這樣，實在有點不忍心，紛紛從天空中降落到牠身邊，勸牠放棄這種跳躍的方式，應該運用牠的翅膀，這樣就可以在天空中飛得又高又快。

可是這隻鳥卻回答說「沒關係，我的雙腳很有力、我很會跳。」

其實，即使再強健有力的雙腳跳躍一整年，也比不上同伴飛翔在天上一天所能越過的距離、所能克服的地形阻礙，以及所能綜觀、遠瞰的廣闊視野。

●微心靈諮商

固執就像一口井，它常常封住人的思維，明知固執會帶來失敗，卻不去改變觀念、拓展思維；已感覺到難以成功，卻不去總結教訓、查找原因，長此以往的錯誤堅持，無疑是讓精神深陷泥淖，致使意識、思維、觀念慢慢窒息和死亡，導致最終的失敗。

有些人總是喜歡和別人唱反調，固執己見，不肯接受別人的建議，不肯改變自以為是的思想，以為自己是比別人聰明的，從而失去觀看廣闊人生視野的機會。

4　改變自己需要下定決心

陳安之是著名的演說家，他在十二歲的時候和父親一起來到美國，在這期間，他接觸到很多成功者的資訊報導，於是心中浮起了一股對成功的渴望。

他開始嘗試做各種工作，賣過菜刀，賣過汽車，賣過巧克力，當過餐廳服務員，然而被炒魷魚的事情時有發生，這也使他頻繁的更換工作。有一天早上，當他提著手提箱正要出門推銷時，忽然有一個聲音從心中傳出：「陳安之，難道你就情願這樣天天敲門賣菜刀嗎？」他在心裡堅定回答：「絕不！」當時他就發誓：「我一定要成為一個成功者！」

自從那天以後，他就開始尋找各種致富的方法，他開始閱讀各類教人成功的書籍，同時也將自己投身到直銷事業中去。

一年過後，他所做的一切都以失敗而告終，他既沒有錢，也沒有朋友，只能一個人窩在家裡不斷思考。

他在連續五年的時間裡所嘗試的工作全都以失敗而告終。每當興起成功的欲望時，失敗的頹喪模樣就不自覺浮現在他的腦海裡，令他變得不知如何是好。

直到有一次機會，他去參加了一個激發心靈潛能的課程，在那裡他遇到改變他一生的老師——安東尼·羅賓。

當時的安東尼正在一個一千多人的研討會上講述自己的故事：他在二十二歲時一無

所有，只能住在三坪大的房子裡，洗碗只能在浴缸裡進行，後來因為接觸了一門「神經語言」的課程使他的命運發生了轉變，一年之後，他住進了四百多坪的城堡裡，不僅擁有了豪華轎車，還擁有了一家私人直升機。

安東尼的這個故事重新燃起陳安之成功的欲望，他說：「世界上根本就沒有失敗，只有暫時停止了的成功。」

陳安之心裡想：「他可以做到的事，我一定也可以做到。」此後他開始陸續參加數次研討課程。一九八九年，他加入了這個學院的講師班，並同其他七十名優秀而又富有經驗的學員競爭講師的職務。

當時陳安之所呈上的履歷一點回音都沒有，於是他就想盡辦法和主事的經理進行面談，並表達了自己對這份工作的意願。可是總經理除了提高工作的難度之外，還對像他這樣常換工作的人對工作是否有恆心和毅力產生了質疑。

總經理對陳安之說：「你跟其他人一樣，等我明天上午統一發布錄取名單吧！」

陳志安回答道：「當我把履歷交到您手上的時候，我就已經下定了決心要這份工作，而且必須要，為了讓您不再這麼麻煩，請您現在就錄取我吧！」

他向總經理保證，他會成為最棒的推廣講師。總經理終於開口了：「你七月二十一號可不可以飛去賓州工作？」

陳安之大聲的回答：「沒問題！」並隨之流下了感動的淚水，因為他知道，他的命運將從此刻改變。

八個月後，他成為了公司最棒的銷售人員之一。

● 微心靈諮商

成功者需要強大的毅力和決心是肯定的，但失敗者所需要的毅力和決心要更堅強，因為他們可以忍受失敗一輩子。成功很難，但不成功更難！

在改變別人、改變世界之前，必須首先改變自己，從決定開始，決定要在行動之前。在做任何事情之前，都要首先做一個決定：我一定要成為我理想中的人物，為自己活，為他人著想，盡最大能力來發展自我，對人類社會做一番貢獻。要始終銘記一句話：決定自己命運的不是環境，而是決心。

5 讓自己更有主見

人們反覆傳播的謊言或流言，就會讓人將那些本來就不存在或不真實的事情當成是存在或真實的。

戰國時期，有很多的小國家同時存在著。這些國家長因領土問題而發生爭端，社會動盪不安。因此這段時期被後代歷史學家稱之為「戰國時期」。

當時的趙國和魏國是兩個邊境相鄰的國家，雙方訂立了友好盟約。兩國之間相互換人質，以便使盟約長期有效。魏王決定將自己的兒子作為人質派往趙國，但又擔心兒子的安全，因此決定讓朝裡的大臣龐蔥陪同兒子一同前往趙國

龐蔥是魏國一個很有才能的大臣，在朝廷中有很多人和他作對，所以他非常擔心自己離開魏國之後，會受到小人的陷害。

於是他在臨行之前對魏王說：「大王，如果有一個人說大街上來了一隻老虎，您是否相信呢？」魏王回答說：「我不相信。老虎是不可能跑到大街上來的？」

龐蔥接著再問道：「如果有兩個人一齊對您說大街上來了一隻老虎，您是否相信呢？」

魏王回答說：「如果有兩個人都這麼說，我就有些半信半疑了。」

龐蔥又問道：「如果有三個人一齊對您說大街上來一個老虎，您是否相信呢？」

魏王有些遲疑的回答說：「如果大家都這麼說，那我就只好相信了。」

聽魏王這麼說，龐蔥心裡感到非常的不安。他歎了一聲說道：「大王，您想，每個人你都知道老虎是不會跑到大街上來的。只是因為三個人都這麼說，大街上有老虎便成為真的了。邯鄲離我們魏國的都城大梁這麼遠，比大街離王宮要遠得多，而且背後會不止三個人議論我。」

魏王聽懂了龐蔥的意思，就點點頭說：「你的心思我知道了，你只管放心去吧！」

龐蔥只好陪同魏王的兒子去了邯鄲。

龐蔥走了還沒有幾天，果然有很多人向魏王說起了他的壞話。一開始，魏王會為龐蔥辯解，並向那些說他壞話的人說他是一個既有才能又忠實的大臣。不幸的是，當龐蔥的政敵三番兩次對魏王說龐蔥的壞話時，魏王還真的相信了那些人的話。後來，龐蔥從趙國回到魏國以後，便將龐蔥疏遠了，不准他再去進諫。

還有一個類似的故事。說的是有一個非常有名的學者，名叫曾參，他在道德方面是無可挑剔的。曾參有事外出未歸，正趕上一個和他同名同姓的人殺了人之後被抓走了，曾參的鄰居於是報信給曾參的母親：「你的兒子殺人被抓起來了。」曾參的母親非常了解自己的兒子，堅信曾參不會殺人，所以依舊織自己的布。不一會，另外一人對曾參的母親說：「你的兒子殺人了。」曾參的母親開始有些懷疑了，但仍然不信自己的兒子會殺人，不久第三個人對曾參的母親說：「你的兒子殺人了。」這一次曾母徹底動搖了，急忙棄家而逃。

● **微心靈諮商**

這則故事告訴我們對待任何事情都要有自己的分析，判斷一件事情的真偽，必須經過細心考察和思考，要多動腦子想想，不能道聽塗說、人云亦云，被假象所蒙蔽。一個人對別人說的事情不可妄信，即使有很多人都這麼說，也要透過表面看到問題的本質，以免被壞人蒙蔽。

6　磨練突圍的精神

普拉格曼是美國著名的小說家，但你可曾知道，就是這麼一位有名的小說家卻只有高中學歷，確切的說是連高中都沒有讀完。在他的長篇小說授獎典禮上，有位記者問道：「你事業成功最關鍵的轉捩點是什麼？」大家可能都會認為他會回答是童年時母親的教育，或者少年時老師的栽培。但他的回答卻出乎所有人的意料，他的回答：「是二戰期間在海軍服軍役的那段生活。」

「我在一次夜間行動中受了傷，艦長下令由一位海軍下士駕駛一艘小船趁著夜色把我送到岸上進行治療。但很不幸的是，小船在海上迷失了方向。那位掌舵的下士驚慌失措，甚至想掏槍自殺。我勸他說：你不要開槍。雖然我們在危機四伏的夜裡漂蕩了四個多小時，孤立無援，而且我還受了很重的傷，不過，我們還是應該有耐心。雖然我一直在鼓勵那位下士，其實我也一點信心都沒有。但還沒等我把話說完，突然前方岸上射向敵機的高射炮的爆炸火光將天空照亮了，我們可以借助這個亮光清晰到看到我們的小船距離岸邊不過只有三海里遠。」

普拉格曼說：「那一夜的經歷我永遠都不會忘記，這件事使我認識到，生活中很多我們認為不可更改或不可逆轉的事情，多數情況下都只是錯覺，也正是這些不可更改和不可逆轉的現實將我們的生命緊緊『圍』住了。一個人應該永遠對生活抱有信心，永不失望。即使在最黑暗最危險的時候，也要相信光明就在前方。」

二戰結束之後，普拉格曼立志成為一個作家。在剛開始寫小說的時候，他接到過無數次的退稿，熟悉的人也都說他沒有這方面的天分。但每當普拉格曼想要放棄的時候，他就會想起那天晚上，於是他就能夠鼓起勇氣，一次次突破生活中各種各樣的「圍」，最終成就了後來的輝煌。

還有這樣一個故事。一天早晨，一個叫卡納奇的電報收發員來到辦公室的時候，得知由於一輛被撞毀的車子將道路阻塞了，因此鐵路運輸陷入了癱瘓，而鐵路分段長也正好不在。按照規定，只有鐵路分段長才有權發調車令，別人這樣做會受到處分，甚至被革職。車輛越來越多，按喇叭的聲音和行人咒罵的聲音此起彼落，甚者還有人因此動起手來。看到這種情況，卡納奇想：「不能再等下去了。」他毅然發出了調車電報，上面簽著鐵路分段長的名字。

當分段長回來的時候，阻塞的鐵路早已是暢通無阻，一切都已恢復正常。不久，卡納奇被分段長任命為自己的私人祕書，後來分段長升遷後，卡納奇又做了這一段鐵路的分段長。發調車令屬於分段長的職權範圍，其他人沒人敢突破這個「圍」，只有卡納奇敢於這樣做了，並且獲得了成功。

其實我們每個人都有著這樣的「圍」。在主觀認識上的偏見，客觀上的陳規陋習，個性上的不足等都對我們在實現生命價值最大化的道路上有著阻礙的作用。我們如果想在一生中有所作為，我們就要敢於突圍。

●微心靈諮商

我們所能給予自己的最好禮物就是突圍，如果我們把嚮往的生活比作一個小島，那麼突圍就是一條平靜的航道；如果我們把人生比做天空，那麼突圍就是那輪光芒四射的太陽；如果我們把生命比作一塊土地，那麼突圍就是那粒通向秋天的種子……一個人可以出身貧賤、遭受屈辱，但絕不能沒有突圍的精神，如果你沒有突圍的精神，你就會失去行走的能力，就永遠都不能抵達你人生中所能抵達的最高境界。

7 每次只追前一名

有一個小女孩，她小時候身體非常的瘦弱，每次在上體育課跑步的時候都是最後一名跑到終點，這使得好勝心極強的她感到非常的沮喪，甚至對上體育課都出現了膽怯。女孩的媽媽知道這件事之後，開始安慰她說：「寶貝，沒有關係的，你在班上的年齡是最小的，你可以跑在最後。不過有一點你要記住，下一次你要為自己設定一個目標，那就是只追前一名。」

小女孩點了點頭，她將媽媽的話記在了心裡。再上體育課的時候，她開始奮力追趕她前面的那一個同學。結果她從倒數第一變成了倒數第二。在接下來的體育課上她的目標還是只追前一名，她又慢慢的成為了倒數第三、第四……一個學期還沒有結束，她已經能夠跑到前五名的成績了，並且也開始慢慢的喜歡上體育課了。

在接下來的日子了，她又將媽媽教給她的「只追前一名」的理念運用到了自己的學習之中，因為她認為：如果在每一次的考試中都能超過一個同學的話，那也是一件非常了不起的事情。

「只追前一名」就是為自己設立一個在短期內能夠實現的目標，沒有目標就會迷失方向，沒有期望就會失去動力。但是，如果目標太高、期望太大，那得到的結果往往是力不從心、半途而廢。制定明確而又可行的目標，真實而又有適度的期望，這才能引領我們胸有成竹、腳踏實地的朝著目標邁進。

● 微心靈諮商

「只追前一名」的理念比起其他的大道理來簡單易行，很容易將孩子們的自信心和高昂的鬥志激發出來，目標雖然小，但很具體。在實現這個目標時，孩子會心無雜念，扎扎實實，認認真真去做，摒棄了那些華而不實的東西。孩子在一次次小的成功之後，得到了他人的認可和賞識，就會逐步走向大的成功，就會做出一番大的事業來。

一句話可以將一個人的信心毀掉，甚至破滅其對生存的希望，但一句話也能鼓勵一個人從失落中走出來，或讓人從一個新的角度對自己重新認識，從而使他的一生得以改變。所以不論在任何時候，我們不要吝嗇給別人一個信任的眼神，說一句鼓勵的話，幫別人做一件力所能及的小事。一個人的力量對自己來說可能是有限的，但卻可以將另一個人無窮的潛力激發出來。

8 用勇氣改變可以改變的事

有一位實習的大學生前去拜訪美國一個小鎮上的一位建商，想給他介紹一個「銷售與商業管理」的課程。

當他到達建商的辦公室的時候，看到建商正在一架古董似的印表機上列印這一封信。他先進行了一下自我介紹，然後開始介紹向他推銷的這個課程。

建商聽得很有興趣，可是卻遲遲不表態。他只好單刀直入的說：「你想參加這個課程嗎？」

建商回答道：「我自己也不知道是否要參加。」聽到這句話他準備離開，因為向建商這樣難以迅速作出決定的人何止百萬。但接著他採用了一種多少有點刺激的戰術，他所說的話讓建商大吃一驚。

「我會說一些你可能不愛聽的話，但這些話對你是有幫助的。你看看你的辦公室，地板髒得嚇人，牆上也全是灰。你的那台打字機就像是一個老古董。你的衣服又髒又破，臉上的鬍子也沒刮乾淨，你的眼神告訴我你是個失敗者。」

「我現在並不是對一位準備進入我們學校的學生說話，即使你有足夠的錢交學費我也不會接受。因為，如果我接受了，你將不會擁有去完成它的進取心，而我們不希望學生中有人失敗。你失敗的原因是你沒有能夠做出一項決定的能力。」

「如果你告訴我，你想參加這個課程，或者你不想參加這個課程，那麼，我會同情你，因為我知道，你是因為沒有錢才如此猶豫不決。但結果你說什麼呢？你承認你並不知道你究竟參加或不參加。你已養成了逃避責任的習慣，你無法對影響到你生活的所有事情做出明確的決定。」

那位建商呆呆的坐在椅子上，眼睛因為驚訝而睜得大大的，但他並沒有對那些尖刻的指控加以爭辯。

這位大學生說了一聲再見，便走了出去，並隨手把房門關上。但很快他就又把門打開了，並走了回來，微笑著坐在了那位吃驚的建商的面前，然後說道：「我的批評也許傷害了你，但我倒是希望能夠觸怒你。現在讓我以男人對男人的態度告訴你，我認為你很有智慧，而且我確信你有能力，你只是養成了一種令你失敗的習慣。但是你可以重新站起來，我可以扶你一把，只要你肯原諒我之前所說的那些話。你並不屬於這個小鎮，這裡不適合做房地產生意。你必須趕快為自己買一套新的西裝，即使是借錢也要買，然後你跟我去聖路易市去。我將介紹一位建商跟你認識，他很可能會給你一些賺大錢的機會，還會告訴你一些房地產行業的注意事項，這在投資的時候用得到。」

聽完我的話之後，那位建商竟然抱頭痛哭起來。最後，他努力的站了起來，和那位大學生握握手，感謝他的好意，並說他願意接受他的勸告，但他要以自己的方式去進行。他要了一張空白的報名表，報名參加了「銷售與商業管理」的課程，並湊齊了預付的第一筆學費。

三年之後，這位建商開了一家擁有六十名業務員的大公司，成為了聖路易最成功的建商之一，他還指導其他業務員工作。每一位準備到他公司上班的業務員在被正式聘用之前，都要被叫到他的私人辦公室去，把自己的轉變過程向這些新人詳細的說一遍。

● 微心靈諮商

這位建商是幸運的，在他還來得及將才華變成財富、成為贏家的時候，有人以他意想不到的方式給了他重重的一擊，讓他對自己的生活有了重新的認識。其實事情往往就是這麼簡單，在這個世界上，到處都是有才華的窮人，而他們卻渾然不覺，他們只是需要一點小小的推動，並加上自己勇於改變的勇氣，就一定能夠取得成功。

9 改變自己就能改變世界

美國著名的心理學家，亞利桑那州立大學心理教授羅伯特·西奧迪尼有一天下班回家，這時正值下班高峰期，在地鐵站人流猶如潮水般湧向月台。

突然，羅博特·西奧迪尼看到了一個衣衫不整，破爛不堪的男子躺在了台階的中間，閉著眼睛，一動也不動。而那些趕地鐵回家的人像是沒有看到這個男子一樣，都從他身邊匆匆走過。

羅博特．西奧迪尼看到這一幕，十分的震驚。他趕緊停下了腳步，看看到底出了什麼事。就在他剛一停下，又有很多人陸續的停下了急急忙忙的腳步。很快就圍了一圈關心的人，人們的同情心也一下子蔓延了開來。很多人給他買了食物和水，也有人在急忙的打電話叫救護車，時間不長，男子甦醒了過來，一邊吃著食物，一邊等待救護車的到來。

經過詢問了解到，這名男子已經在大街上流浪了很多天了，是因為飢餓而昏倒在地鐵站的台階上。

為什麼起初人們對這樣一位昏倒的男子漠不關心、視若無睹呢？

羅博特．西奧迪尼認為，其中的一個重要原因是：在熙熙攘攘、匆匆茫茫的人流中，人們往往會陷入完全自我狀態，在忽視無關資訊的同時，也忽視了周圍需要幫助的人。這就像一位詩人說的那樣，我們「走在嘈雜的大街上，眼睛卻看不見，耳朵卻聽不見」。在社會學中，這種現象被稱為「都市恍惚症」。

為什麼後來人們對這個衣衫襤褸的男子的態度會有了較大的改變呢？

羅伯特．西奧迪尼認為其中一個最主要的原因是：因為有人開始關注，所以情況發生了改變。當初自己停下來，也只不過是想看一下那個處於困境中的男子而已。路人們卻從「都市恍惚」中清醒過來，也因此而注意到了這個男子需要幫助，如是大家都行動了起來，都為這位男子伸出了援助之手。

因為在看到別人的善舉之後，會使自己的身心受到衝擊，從而引發人們行善的願望和行為，這在心理學中成為「昇華」。心理學家的研究表明，幫助那些需要幫助的人，最容易引起人們的「昇華」。儘管這些不是什麼轟轟烈烈的大事，卻能使人變得那麼的無私。

●微心靈諮商

透過心理學家羅博特·西奧迪尼的故事，我們可以聯想到一位英國主教的墓誌銘：「少年時，意氣風發，躊躇滿志，當時曾夢想改變世界。但當我年事漸長，閱歷增多，發現自己無力改變世界。於是，我縮小了範圍，決定先改變我的國家，可這個目標還是太大了。接著我步入了中年，無奈之餘，我將試圖改變的對象鎖定在最親密的家人身上。但天不遂人願，他們個個還是維持原樣。當我垂垂老矣之時，終於頓悟：我應該先改變自己，用以身作則的方式影響家人。若我能先當家人的榜樣，也許下一步就能改善我的國家，再以後，我甚至可能改造整個世界。」

正如以上所說，我們應該先改變自己，只要自己先改變了，身邊的一些人就可能會跟著改變；身邊的一些人改變了，很多人才可能會跟著改變；很多人改變了，更多的人就可能會改變……正是在這個意義上可以說，「先改變自己，就可能改變世界。」

10　改變自己，事半功倍

有一位客人在機場坐上了一輛計程車，這輛計程車的地板上鋪了羊毛地毯，地毯邊上還綴著鮮豔的花邊。玻璃隔板上鑲著名畫的複製品，車窗擦得一塵不染。這位客人非常驚訝對司機說：「這是我第一次搭乘這麼乾淨漂亮的計程車。」

「謝謝你的誇獎。」司機笑著回答。

「你是從什麼時候開始對你這輛計程車加以裝飾的？」客人問道。

「這輛車不是我的，」司機回答說，「這輛車是公司的，多年前我本來是在計程車公司做清潔工人的，每輛計程車晚上回來時都像個垃圾堆一樣。地板上盡是菸蒂和垃圾，座位或車門把手上有時甚至會有口香糖和花生醬之類的黏稠東西。我當時就在想，如果有長期保持清潔的車給乘客坐那該有多好啊，乘客也許就會為別人多想一點。」

「當我從公司領到計程車牌照之後，我就馬上開始照著我的注意做這些事情。我把公司給我駕駛的計程車整理得乾淨明亮，又弄了一張好看的薄地毯和一些花。每個乘客下了車之後，我都會查看一下車子，我必須保證下一個乘客在乘坐我這輛車的時候是十分整潔的。

「從開車到現在，沒有一位客人令我失望過，從來沒有一根菸蒂需要我整理，也從來沒有口香糖和花生醬等黏稠的東西，更沒有一點垃圾。先生，就像我所說的，人人都欣賞美的東西。如果我們的城市裡多種些花草樹木，把建築物裝飾的再漂亮一些，我敢打賭，一定會有更多的人希望有垃圾箱。」

好者恆好，壞者恆壞，乾淨的環境帶來乾淨的生活，如果能夠先在生活中費點小功夫，那麼就會減少許多事後收拾和整理的大工夫。

● 微心靈諮商

改變別人是事倍功半，改變自己是事半功倍，一味要求他人倒不如更多的反思和改變自己。俗話說：「近朱者赤，近墨者黑。」尊重自己必得到別人的尊重，你用心珍惜，他人自然會有所感受。

責人嚴，律已難，這是大多數人的毛病，因此看社會處處都不順眼，而最大的問題其實是我們自己。我們可以先回到自己的心靈世界，將自己的心靈打掃乾淨，當心靈中的塵埃被打掃乾淨的時候，你就會發現，當自己愉快的時候，別人也會跟著變得愉快。

第六章　越挫越勇，在逆境中提升自己

1 不冒險怎能成功

在非洲的塞倫蓋蒂大草原上，有上百萬隻角馬正從乾旱的塞倫蓋蒂北上遷徙到馬賽馬拉的濕地。在這艱辛的長途跋涉中，格魯美地河是這條遷徙路上唯一的水源。這條河與遷徙路線相交，對角馬群來說既是生命的希望，又是死亡的象徵。因為角馬必須靠喝河水維持生命，但是河水還滋養著其他生命，例如灌木、大樹以及河邊茂密的青草，而灌木叢也是猛獸藏身的理想場所。

在炎炎烈日之下，口渴難耐的角馬群終於來到了河邊，這時，獅群突然從河邊的灌木叢中衝出來，將角馬撲倒在地。角馬群變得湧動起來，並揚起了漫天的塵土，模糊了獅群旁邊的角馬的視線，一場殺戮在所難免。

在河水中還藏有很多的鱷魚，牠們也在靜靜的等待角馬群的到來。所以，就算是能夠喝到水，也是冒著生命的危險，時常會有角馬喪生在鱷魚的口中。有一天，角馬們來到一處適於飲水的河邊，牠們很清楚這些可怕的危險。領頭的角馬磨磨蹭蹭的走向河邊，每頭角馬都顯得猶猶豫豫，嗅一嗅，嘶叫一聲，不約而同的又退回來，進進退退像跳舞一般。牠們身後的角馬群在聞到了水的氣息之後，一齊向前擠來，慢慢將前面的角馬向水中擠去，不管牠們是否情願。

突然有一隻小角馬從馬群中跑出來，開始痛飲這甘甜的河水。為什麼牠敢於走入水中，是因為牠渴得受不了，還是因為牠年幼無知？那些大角馬仍然驚恐的止步不前，直到角馬群將牠們擠到水中，牠們才盡情喝起水來。不久，洶湧的角馬群將一頭角馬擠到了深水之中，牠變得非常的恐慌，使得角馬群出現了一陣騷亂，然後牠們迅速從河中跑出來，回到遷徙的路上。最終，只有勇敢站在最前面的角馬才喝到了水，大部分角馬因為害怕或無法擠出重圍，只能繼續忍受著難耐的乾渴。角馬群每天兩次來到河邊，而每一次都是在重複著這樣的儀式。

一天，一群口渴的角馬站在懸崖邊上俯視著下面的河水，顯得是那麼的無奈與憂傷，其實牠們只要向上游走兩百公尺就會到達平地，從那裡很容易就能到達河邊。但是牠們寧可在懸崖上痛苦的哀鳴，也不願向著成功邁出一步。

● 微心靈諮商

在現實生活中，有很多像角馬一樣的人，他們總是藏在人群之中，忍受著對成功之水的渴望，但卻對未知的明天和潛藏的危險充滿著恐懼。他們總是遠遠的看著別人痛飲成功之水，自己卻忍受著乾渴的煎熬。為了成功，我們要勇敢一點，不要讓恐懼和危險阻擋我們前進的腳步，也不要等待別人推著你向前邁進，我們必須行動起來，帶著自己的勇氣，向著成功的方向前進。只有勇於冒險的人才有可能獲得最後的成功。

2　不入虎穴，焉得虎子

東漢年間，漢朝為了跟西域各國聯合起來共同抗擊匈奴，就派班超作為使節出使西域。

班超手持漢朝的節杖，帶領著由三十六人組成的使團向西域出發了。他們第一個到達的是鄯善國。班超見了鄯善國國王說：「尊重的國王陛下，我們漢朝的皇帝派我來，是希望能夠和貴國聯合起來共同對付匈奴。我們都吃過匈奴入侵的苦，所以應該聯合起來，同仇敵愾，這樣匈奴才不敢再猖狂肆虐！」鄯善國國王早就知道漢朝是一個泱泱大國，國力富強，人口眾多，不容小視，現在又見漢朝的使者慎重威儀，頗有大國之風，就連連點頭稱是。然後請班超等人先住下，說過兩天再對聯合抗擊匈奴的事進行具體商討。

在班超他們住下的頭幾天裡，鄯善國國王待他們還挺熱情，可是沒過多久，班超便察覺國王對他們越來越冷淡，不但常找藉口避開他們不見，就是好不容易見上了，也絕口不提聯合抗擊匈奴的事。

班超感覺事情不妙，便召集同來的人進行分析，他說：「鄯善國國王對我們的態度越來越差，很有可能是匈奴也派使團來對其進行遊說，我們必須把事情搞清楚。」夜裡，班超派人潛進王宮，果然發明國王正陪著匈奴的使者喝酒談笑，看樣子很是投機，就馬上回來將這個消息報告給班超。接下來的幾天，班超又設法從招待他們的人那裡探聽到，匈奴不但派來了使節，而且還帶了一百多個全副武裝的隨從和護衛。他意識到了事情的嚴重性，於是馬上召集使團研究對策。

班超對大家說：「匈奴果然已經派來了使者，並說動了鄯善國國王，我們現在已處於極度的危險之中，如果不採取有效措施，等鄯善國國王被說服，我們就會成為他和匈奴結盟的犧牲品，國家交給我們的使命也就玩不成了。我們應該怎麼辦呢？」大家齊聲答應：「我們服從您的命令！」班超猛拍一下桌子，果斷說：「不入虎穴，焉得虎子！我們要想完成使命，就必須消滅匈奴的使者。」當天夜裡，班超就帶人衝進匈奴所住的營地，趁他們沒有防備，以少勝多，一百多個匈奴全都被消滅了。

第二天，班超提著匈奴使者的頭去見鄯善國國王，並當面對其進行斥責。說：「您既然已經答應和我們結盟，為何又背地裡和匈奴接觸。現在匈奴使者全被我們殺死了，您覺得應該怎麼辦？」鄯善國國王又吃驚又害怕，很快就和漢朝簽訂了同盟協議。

班超的舉動使整個西域都受到了震撼，其他國家都紛紛前來和漢朝簽訂盟約，很多國家還表示，願於漢朝長期保持友好關係，班超終於出色的完成了朝廷的使命。

● **微心靈諮商**

班超在危急的情況下，不僅遇事冷靜，而且做事果斷，並敢於冒必要的風險，才能取得最後的成功，如果當時班超行事急躁或始終猶豫不決，那後果將不堪設想。在現實生活中，我們也會遇到一些挫折和苦難，在遇到挫折和困難的時候應該像班超一樣冷靜和果斷，要不畏艱險、勇往直前。只有經歷挫折和困難，並想辦法將其克服，才能使自己的能力得到有效的提升。

3　不經歷風雨，怎麼見彩虹

鑑真大師在剛剛進入佛門時，寺裡的主持讓他做了誰都不願做的行腳僧。

有一天，太陽已經升的很高了，鑑真仍然在呼呼大睡。主持覺得很奇怪，便推開了鑑真的房門，一進門就看見了床邊堆的那一堆破破爛爛的鞋。主持急忙將鑑真叫醒，問他今天為什麼不出去化緣，而且堆這麼多破破爛爛的鞋在床邊做什麼？鑑真打了個哈欠說道：「別人一年一雙鞋都穿不破，而我剛剃度一年多，就穿破了這麼多的鞋子呢？」

主持一聽就明白了鑑真所要表達的意思，然後對他微微一笑說：「昨天晚上下了一場大雨，你陪我到寺廟前的路上走一走吧。」寺前是一段黃土坡，由於剛下過雨，路面很是泥濘。主持拍著鑑真的肩膀說：「你是想做一個能光大佛法的名僧呢，還是想做一天和尚撞一天鐘呢？」鑑真回到道：「當然想做名僧了。」

主持撚著鬍鬚微微一笑說：「你昨天是否在這條路上走過？」鑑真回答道：「是的。」主持又問：「你昨天在這條路上走過，你能找到自己的腳印嗎？」

鑑真十分不解說：「昨天這路又乾又硬，我不可能找到自己的腳印。」

主持又笑笑說：「如果今天我們在這路上走一趟，你能找到自己的腳印嗎？」鑑真說：「當然能找到了。」

主持聽後，微笑著拍拍鑑真的肩說：「只有在泥濘的路上走才能留下自己的腳印，世上的任何事情都是這樣一個道理。」

那些沒有經歷過風雨的人，一生碌碌無為，就像一雙腳踩在又平又硬的大路上，什麼也沒有留下。」鑑真聽後恍然大悟，並連連點頭。

只有那些經歷過風雨的人們，才知道什麼是痛苦，什麼是快樂，也只有他們才能明白痛苦和快樂到底意味著什麼。在泥濘中留下的那兩行腳印，就是對他們價值的最好證明。

生物學家曾經說過：「飛蛾在破繭而出時，都必須要經過一番痛苦的掙扎，身體中的體液才能流到翅膀上去，翅膀才能變得堅韌有力，這樣的翅膀才能支撐牠在空中飛翔。」

有一天，一個人恰好看到一隻蛾要破繭而出，他對此很感興趣，於是準備見識一下由蛹變成蛾的整個過程。但是隨著時間的一點點過去，他有點不耐煩了，只見蛾在繭裡奮力掙扎、扭來扭去，但卻一直不能掙脫繭的束縛。最後，他徹底沒有了耐心，就用一把小剪刀，在繭上剪了一個小洞，這樣蛾就能很容易的擺脫繭的束縛。不一會，蛾就很容易的從建立爬了出來，但是牠的翅膀非常的萎縮，垂在兩邊伸展不起來，不僅如此，牠的身體也非常的臃腫。這隻蛾只是跌跌撞撞的向前爬著，怎麼也飛不起來，沒過多久，這隻蛾就死了。

「不經歷風雨，怎能見彩虹」是一句非常有哲理的話。任何一種本領都是在經過了艱苦的磨練之後才獲得的。任何香甜的果實，都是勇士戰勝艱難險阻，用自己的血汗澆灌的。「寶劍鋒從磨礪出，梅花香自苦寒來。」任何妄圖減少奮鬥而達到目的的做法都是揠苗助長，是非常愚蠢的行為，那隻飛不起來的蛾就是最好的證明。

那些經常談論自己人生的青年人，總是不能對人生旅途中的曲折和坎坷進行充足的估計。常常天真的把人生之路看得像公園的小徑一樣到處盛開著鮮花。所以，當他們在前進的道路上遇到困難和挫折的時候，就會變得悲觀和迷茫。在人生的旅途中，歡樂和悲傷是並存的，特別是那些成功人士，常常是先有「山重水複疑無路」的逆境，經過自己的努力和奮鬥之後，才迎來了「柳暗花明又一村」的成功。

● 微心靈諮商

我們要認清這一點：要成功並不容易。想要獲得成功就得要有戰勝困難挫折的勇氣和信心。要不斷加強自身素養的培養和能力的提高，經受來自各方各面的壓力和挑戰，勞其心志，練其筋骨，沒有人會隨隨便便成功的。

沒有經歷過痛苦的人生經歷是不完整的。只要我們為生活交上一份滿意的答卷，生活也會使我們一帆風順，我們要相信「不經歷風雨，怎麼見彩虹」這句話是人生的真諦！

4 時刻保持冷靜

人生中最難堪的事莫過於不幸。事業之帆剛剛啟程，就遇到狂風暴雨，在事業的征程中出現險灘和暗礁是多麼的不幸。然而，這些不幸出現在我們的生活裡，也是非常正常的。我們在對待不幸的時候，應該對它的價值加以重視和利用，不能一味的退縮和躲避。

壞的事物在一定條件下，可以向好的事物進行轉化，並引出好的結果。人們的生命歷程正是在這一高一低的跋涉中走完的。

悲歎不幸，不會減弱不幸；迴避不幸，不會擺脫不幸；屈服不幸，不會驅走不幸。只有對不幸進行正確的對待，才能將不幸變成走向成熟的墊腳石，從而做出不一般的成果。

不幸就好像是一面鏡子，它可以照出一個人的思想意志是堅定還是脆弱，從而也會產生兩種不同的結果。勇於和不幸鬥爭的人，可以把不幸帶來的痛苦降到最小；向不幸屈服的人，會成為不幸的階下囚，最終會被不幸所吞噬。如果能把不幸當作前進的階梯，就能看到光明；如果把不幸當作滑梯，就只能陷入泥淖。

從前有個樵夫，他和自己的妻子住在一個小村外。每天早上，樵夫都回到森林裡去砍樹，每當傍晚的時候他就會返回家中，每次回來，妻子都會做一桌美味可口的飯菜等著他。

有一天，樵夫有事提前回了家，卻由窗外看到自己的妻子和村裡的當鋪老闆在家偷情。在他開門的時候，也清楚聽到了當鋪老闆慌忙躲藏起來的聲響。樵夫是一個冷靜且幽默的人。他不動聲色的走到妻子面前擁抱妻子，並且對她說：「森林之神賜給我一雙千里眼，我只需要注視一塊木頭正中央的一個小孔，就能夠看見常人看不見的東西。」他又對妻子說：「我發現房間的櫃子裡藏了一件值錢的東西。」為了證實他的新能力，他於是將櫃子上鎖，將它扛到當鋪的櫃台上，出售櫃子和櫃裡的東西，並向店裡的夥計要價一百個金幣。

樵夫讓夥計慢慢考慮要不要做這筆生意，然後樵夫就走到了門外悠閒抽起了菸。這時他聽到箱子裡的當鋪老闆高聲喊叫的聲音，為了讓自己能夠快點出來，要求夥計趕緊付贖金。

這是一則古老的日本寓言故事，樵夫用了個巧妙的計謀，讓小氣吝嗇的當鋪老闆為自己的行為付出了代價。樵夫扭轉局勢的冷靜與機智幽默，不僅使他輕鬆的贏了一百個金幣，無愧良心的報了一箭之仇，同時證明了他的高人一籌，也不必擔心這件事會讓他很丟臉。此外，樵夫也可以對自己的痛苦更容易的加以面對和處理。

樵夫的做法很高明，他在自己情緒高漲的非常時刻，依然能夠保持幽默，並以智取勝，同時也將自己從悲憤的情緒中抽離出來，以一個既能發洩怨氣又非常實際的方法來處理這件事情。

●微心靈諮商

每個人在生活中都在所難免會遇到一些突如其來的變故，只要我們能夠冷靜的面對，就一定能夠找到好的解決問題的方法。當你遇上大麻煩的時候，你應該慶幸事情沒有變得更糟。生命中有些時候，事情遠不像表面上看起來一樣的糟糕。面對不幸首先要坦然接受現狀並認真分析情勢。當你了解到事情並沒有你想像的那樣糟糕時，你也就跨出了解決問題的第一步。

5 擁有一顆百折不撓的心

一個人在投硬幣的時候，能夠連續七次投出正面，你會相信嗎？大多數的人都不會相信會有這樣的巧合，有一部分人認為這是在變魔術，只有很小的一部分人認為這是一件很平常的事情。

如果有一千個人同時連續投七次硬幣，在投完第一次時，必然會有五百人左右能夠投出正面，第二次就必然會有兩百五十人左右能夠投出正面。以此類推，到第七次投的時候，至少會有七個人能夠投出正面，如果一個人連續投一千次，也必然會有至少七次會出現我們認為是奇蹟或看來不會發生的事情。

在企業管理中出現的奇蹟大多數也是這樣產生的。在那些成功的企業之前，通常有許多企業做了類似的嘗試，但都過早的放棄了，只有少數一些企業堅持了下來。在成功之前，一個企業通常也會經歷很多的失敗。所以毅力和堅持不僅是科學家的精神，同樣也是企業家必須具備的素養。

在通常情況下，我們都會要求企業家具有一些常人所沒有的素養。在德國曾有過一次對最大的六百家企業老闆的調查，結果顯示：遠見、洞察力等特徵被排在企業家應該具備的特徵的前列。但是如果我們用這樣的標準去選擇管理者或企業家，通常卻不能找到合適的人。就算是那些被人們公認為具有遠見的企業家也不是在任何時候都能做出正確的決策。這並不是說遠見、洞察力等特徵對企業家來說不重要，因為我們經常會處在一個僅僅靠洞察力並不能解決問題的複雜環境之中。我們必須要做各種各樣的「實驗」來確定企業應該有一個什麼樣的發展方向。

一個管理者應該具有一定的識別人才的能力。即使是最有經驗的人事經理也必須借助一些外部特徵來推斷一個人在一個新的環境中未來的發展，因為光靠「直覺」來判斷是不太可靠的。最實用的管理人才的辦法就是實驗：給一個具有一定條件的人相應的時間、資源和權利，然後根據其業績來判斷其能力和去留問題。像麥肯錫這樣的對人才最為挑剔的管理顧問公司，其成功的原則也是其人才上的實驗原則：一個人只有兩種結果，要麼上去，要麼走人。上去就意味著業績和個人的成長。如果一個人在兩年的時間內沒有上升一個台階的話，那麼他只能是再另尋高就了。

GE是一個在不同領域進行實驗的高手。在GE所遵循的企業原則中也有一個重要的實驗原則：一個業務領域必須在規定的時間和預算內成為世界的前三名，如果做不到，這個領域就只有被關掉的份。威爾許曾經說過：「總部不會太理會細節，但我們必須要有很好的嗅覺，我們的任務就是分配資源。我們要在嗅覺、感覺、接觸、傾聽之後對資源進行分配。

● 微心靈諮商

雖然屢遭挫折，卻有一顆堅強的百折不撓的心，這就是成功的祕密。只要你敢於去嘗試，什麼奇蹟都可能發生在你身上。

6 具有樂觀的生活態度

維克多·法蘭克被關在了納粹德國的集中營裡，其實他本沒有罪，被關起來的原因只是因為他是猶太人。

他在集中營裡被囚禁了好幾個月。法蘭克說他學會了生存之道，那就是每天刮鬍子。不管你身體多衰弱，就算必須用一片破玻璃當作剃刀，也得保持這個習慣。因為每天早晨當囚犯列隊接受檢查時，那些生病不能工作的人就會被挑出來，送入毒氣房。如果你在列隊檢查之前刮了鬍子，那麼你的臉色看起來就會顯得紅潤，這樣你就很可能因此而逃過一劫。

他們每天的食物就是兩片麵包和三碗稀麥片粥，這使他們的身體變得日趨衰弱。九個男人擠睡在一塊不是很寬敞的舊木板上，兩條毯子覆蓋。半夜三更時，尖銳的哨聲便會叫醒他們起來工作。一天早上，他們列隊出去在結冰的地上鋪設鐵路枕木，同行的衛兵不停叱喝，更用槍托驅趕他們。腳痛的人就靠在同伴的手臂上。法蘭克身旁的一個男人輕聲對他說：「如果妻子看到我這個樣子不知道會做何感想，我非常希望她們能夠在集中營裡過得好一些，希望她永遠不要知道我現在的情況。」

法蘭克後來寫道：「他的這番話使我想起了自己的妻子，我們在顛簸的路上前行，路程有數公里之遙，我們跌倒在冰上，彼此攙扶，親自指點往前走。我們沒有更多的交談，但是我們都明白，我們都在心裡惦記著自己的妻子。

我抬起頭看看天空，淡淡的晨光已經開始從一片黑暗的雲後閃現。我的心裡始終掛念著妻子，我幾個意念出現在我的腦海裡，我一生中首次領悟到許多詩人在詩歌中所表達的，也是許多思想家最終所陳述的真理——愛是人類所能熱望的最終極目標。我抓住了人類詩歌、思想與信仰所傳遞的最大奧祕，人類的救恩乃在愛中，借著愛可以實現。」

每天他都在積極思考，用什麼樣的辦法能夠逃出去。他向關在一起的夥伴請教，夥伴嘲笑他說：「從來就沒有人能夠從這裡活著出去，還是好好工作，祈求能多活幾天吧。此時的法蘭克想到了自己的家人，他一定要活著出去才行。在他積極的思考中機會終於到來了。」

有一次去戶外工作，他趁著黃昏收工的時候鑽進了大卡車的底下，把衣服脫光，趁著別人不注意，悄悄的爬到了附近不遠處的一堆赤裸死屍上。他不顧刺鼻難聞的氣味和蚊蟲的叮咬，一動不動的裝死。直到深夜的時候，在確定沒人的情況下，光著身子一口氣逃走了。

世界上任何處境都不是絕望的，只有對處境絕望的人，倖存的法蘭克後來對人們說：「在任何特定的環境中，人們還有一種最後的自由，就是選擇自己的態度。」

● 微心靈諮商

我們的境況不是周圍環境造成的。說到底，如何看待人生、把握人生由我們自己決定。一個人能否成功，關鍵就看他的態度！成功人士始終用最積極的思考、最樂觀的精神和最輝煌的經驗支配和控制自己的人生；失敗者則剛好相反，他們的人生是受過去的種種失敗與疑慮所引導支配的。

7　你的問題在哪裡

羅伯特在一家旅館裡打工，他的工作是夜班服務台的值班員，順便協助看管馬廄的馬匹。

旅館的老闆是個瑞士人，他以歐洲式的管理方式對員工進行管理。羅伯特和他合不來，覺得他是一個法西斯主義者，只想雇用那些安分守己的農民。

在一個星期之內員工們總是吃同樣的晚餐：一堆泡菜、一些不新鮮的麵包和兩根維也納香腸，而且伙食費還要從薪水裡面扣，羅伯特為此感到非常的氣憤。

羅伯特整個星期都非常的難過，每到星期五的晚上十一點左右，羅伯特在服務台當班。當走進廚房時，他看到一張便條，是寫給廚師的，上面寫道：員工還要每天多吃兩根小香腸和泡菜。

羅伯特非常的生氣，由於當時他沒有更好的聽眾，他就把所有的不滿宣洩在了剛來上班的夜班查帳員沃爾曼身上。羅伯特說：「我已經忍無可忍了！我要去拿一碟小香腸和泡菜，吵醒老闆，用那碟東西丟他。什麼人也沒有權力要我整個星期吃小香腸泡菜，而且還要我付帳。我非常討厭吃這些東西，整家旅館都非常的糟糕，我要辭職不做了……」羅伯特足足罵了半個小時，在這期間他還在不停的拍打桌子和椅子。

在羅伯特大吵大鬧的時候，沃爾曼一直用憂鬱的眼神看著他，靜靜的坐在椅子上沒有說一句話。

沃爾曼是一名德國猶太人，曾在納粹德國集中營裡被關過三年。他身材非常的瘦小，還經常的咳嗽。他喜歡上夜班，因為他孤身一人，既能夠享受清淨，又能夠沉思默想，還能夠隨時走進廚房吃一些對他來說最美味的食物——泡菜和維也納小香腸。

這時沃爾曼對羅伯特說道：「羅伯特，你聽我說，不是小香腸和泡菜的問題，不是老闆的問題，也不是這份工作的問題，你知道你的問題在哪裡嗎？」

「我的問題到底出在哪裡？」羅伯特趕緊問。

「你以為自己什麼都知道，但是你不知道不便和困難的分別。如果你的頸骨骨折了，或者你的房子起火，又或者你吃不飽、穿不暖，那麼你的確有困難，其他的都只是不便。生命就是不便，生命中充滿了坎坷。學會將不便和困難分開，這樣你會活的長久些，而且也不會給自己惹來太多的麻煩。」

他揮手叫羅伯特去睡覺，那手勢既像是打發，又像是祝福。

從一出生到現在，很少有人這樣給自己當頭一棒。那天深夜，沃爾曼的話令羅伯特茅塞頓開。

● **微心靈諮商**

每當遇到挫折，感覺被逼得無路可退、要憤怒的做出決定或做出蠢事的時候，要多冷靜的想一想：這到底是困難還是不便？

8　扼住命運的喉嚨

西元一七七〇年的冬天，德國偉大的作曲家貝多芬出生於波昂一間牆壁歪斜的簡陋小屋裡。由於父母不和，生活貧困，悲慘的童年造成貝多芬性格上的嚴肅、孤僻、倔強和獨立不羈，在他心中孕育著強烈而沉重的感情。從十二歲起他開始作曲，十四歲參加樂團演出，並領取低收入補助家庭。可以說，貝多芬幾乎成了苦難的象徵。到了十七歲，母親病逝，把家中最後的錢都花光了，留下兩個弟弟，一個妹妹，還有一個已經墮落的父親。母親去世不久，他又得了天花和傷寒。他遭受的不幸，不是一個孩子所能承受的。

可是貝多芬還是硬挺了過來，既為了家庭，也為了自己的愛好，他一直在樂團裡工作著。貝多芬的音樂作品充滿了高尚的思想感情：有的如美麗的大自然，淳樸明朗，莊重寧靜；有的似素月清輝傾瀉在橡樹蔭中，縹緲輕柔，優美深遠；有的像奔騰的激流，給人以信心和力量……

在貝多芬正要邁入風華正茂的黃金時代，音樂天才剛剛萌芽的時候，他發現了自己的聽力有了急劇的衰退。音樂是不能離開耳朵的，這個早已把自己的整個生命獻給音樂的音樂天才，怎麼能在二十六歲的時候喪失聽力呢？

一開始，貝多芬想極力掩飾自己耳聾反應遲鈍的缺陷，因此他避而不參加社交活動，以免別人發現他耳聾。後來，他兩耳完全失聰，實在無法掩飾了，就隱居到維也納郊外的海利根施塔特。他曾在一份叫做「遺囑」的檔中傾吐了當時的苦衷：「我不可能對大家說：『大點聲講，大聲喊，因為我是個聾子。』我本來認為自己是完美無缺的，比任何人都要完美，簡直是出類拔萃。這種可怕的病症是我怎麼能夠承認呢？當別人站在我的身邊能聽到遠處的長笛聲，而我卻什麼也聽不見時，這是一種多麼大的恥辱啊！這樣的經歷把我推到了懸崖的邊緣，我甚至想了卻自己的殘生。」

這樣殘酷的命運，使這位年輕的音樂家感到非常的痛苦，但最終沒有使他消沉，他摒棄了自殺的念頭，並對他的朋友們說：「是藝術，只是藝術將我挽留住了，在我還沒有完成我的使命之前，我是不能從這個世界上離開的。我要扼住命運的咽喉，我是不會向命運屈服的！」

貝多芬這句話也最能表現他堅韌不屈的性格。從此以後，他變得更加的發憤和努力。他向朋友們描述了自己耳聾後分秒必爭、緊張創作的生活：「一切休息都沒有！除了睡眠之外，我不知道還有什麼休息。如果我有時讓藝術之神磕睡，也只是為了讓祂醒來之後變得更加的興奮。」

貝多芬一生中創作力量最旺盛、成就也最輝煌的時期，也正是他與命運進行艱苦搏鬥的時期。他的大部分成功之作，都是在耳聾之後創作的，他以辛勤的勞動、驚人的毅力和巨大的成就，在世界音樂史上增添了新的一頁。

● 微心靈諮商

苦難是一筆財富，它會錘鍊人的意志，使人獲得生活的真諦。有句成語說，「苦盡甘來」。另一句又說，「吃得苦中苦，方為人上人」。這些都是鼓勵人要經受住苦難的考驗，在面對苦難的時候要忍耐，要有希望，只有保持這樣一種心態，才會走向人生的輝煌。

9 做自己的命運之神

鮑爾士是十八世紀俄國著名的探險家，西元一八九三年，他在位於北歐的斯堪地那維亞半島探險的途中，遇到了瑞典探險家歐文．姆斯。由於兩人對極地風光都有著濃厚的興趣，於是他們決定一起去北極圈進行一次探險。

在經過兩年的精心準備之後，西元一八九五年春天，他們帶著兩個雪橇、三隻狗和一張古地圖，從瑞典北部城市約克默克出發，一路向東行進。他們本來要在冬季到來之前走完全部的路程，結果卻走了一年又三個月，原因是在翻越楚科奇山脈的時候，歐文．姆斯摔斷了一條腿。最後，他們二人終於成功返回約科莫科。歐文．姆斯再三感謝鮑爾士在考察中所給他的關懷，並把自己一塊珍貴的懷錶送給鮑爾士留做紀念。當時鮑爾士已是歐洲一位享有盛名的大旅行家，年紀也比歐文．姆斯年長二十歲。面對歐文．姆斯的盛情，鮑爾士回答說：「在絕境中真正幫助你的是你自己，你用一條腿翻過了最狹窄的山道。我沒給你任何真正意義上的幫助，沒有什麼好感激的？」

後來鮑爾士給歐文．姆斯寫了一封信，他在信中寫道：「請你記住，在探險的道路上，你就是自己的神。沒有人能對你具有最終的支配權，除了你自己之外，沒有人能夠使你離開最後的成功。」

歐文．姆斯在一九〇二年的時候來到了亞洲，他要獨自一人穿越塔克拉瑪干沙漠。塔克拉瑪干沙漠面積三十三萬平方公里，是亞洲最大的沙漠，被稱為「死亡之海」。很多人都認為他會被淹沒在漫漫黃沙之中，但他卻奇蹟般走了出來，成為世界上第一個活著走出塔克拉瑪干沙漠的探險者。對此，許多研究者歸結為歐文．姆斯口袋中的滿滿的金幣和一位叫庫利奇的維吾爾人的幫助。其實，如果他們對歐文．姆斯在北極圈探險的不平凡經歷有足夠的了解，知道鮑爾士對他所說的那些不尋常的話，那他們就不會得出前面那樣的結論。

● 微心靈諮商

面對困難，我們每個人的大腦都會不約而同的閃現出「如果有誰能來幫我一把就好了」這樣的想法。但是，世界上任何成功的經驗都告訴我們：危難中，真正的救星是我們自己。自助者神助，你就是你自己的神。

10 方與圓的藝術

在第二次世界大戰期間，曾發生過這樣一個真實而感人的故事。

在法國第厄普市有位家庭主婦，人們都叫她為伯爵夫人。她的丈夫在馬奇諾防線被德軍攻陷的時候，被德軍逮捕，成為了德軍的俘虜。他的身邊有一個兒子和一個女兒，兒子叫雅克，當時十二歲，女兒叫賈桂琳，當時十歲。為了將德國人趕出自己的國家，他們母子三人參加了當時法國的祕密情報工作。

有一天晚上，幾個德國軍官闖進了她的家，其中的一個是當地情報部的官員。他們坐下後，一個少校軍官用一張揉皺的紙就著暗淡的燈光吃力的閱讀起來。這時，那個情報部的中尉順手拿過藏有情報的蠟燭點燃，放到長官面前。情況變得危急起來，伯爵夫人知道，萬一蠟燭燃到鐵管之處，就會自動熄滅，這也就意味著他們一家三口的生命將宣告結束。她看著兩個臉色蒼白的兒女，急忙從廚房中取出一盞油燈放在桌上。「瞧，先生們，這盞燈會亮些。」說著輕輕的把蠟燭吹熄，一場危機似乎過去了。但是，輕鬆沒有持續多久，那個中尉又把冒著青煙的燭芯重新點燃，「晚上這麼黑，多點支小蠟燭也好嘛。」他說。燭光接著發出微弱的光。此時此刻，它彷彿成為這房裡最可怕的東西。

伯爵夫人的心提到了嗓子眼上，她似乎感到德軍那幾雙惡狼般的眼睛都盯在越來越短的蠟燭上。這個情報中轉站一旦暴露，其後果是難以想像的。

這個時候，雅克從凳子上站了起來，然後說道：「天氣太冷了，我到柴房去搬些柴來生火吧。」說著伸手端起燭台朝門口走去，房子頓時暗了下來。中尉快步趕上前，一手把燭台奪了回來，然後厲聲喝道：「你不用燈就不行嗎？」

時間在一分一秒的過去。突然，小女兒賈桂琳嬌聲對德國人說道：「司令官先生，天晚了，樓上黑，我可以拿一盞燈上樓睡覺嗎？」少校瞧了瞧這個可愛的小女孩，一把將她拉到了自己的身邊，用親切的聲音說：「當然可以。我家也有一個像你一樣年紀女兒，我給你講講我的女兒好嗎？」

賈桂琳非常高興的回答道：「那太好了。不過，司令官先生，今晚我的頭很痛，我想睡覺了，下次您再給我講好嗎？」「當然可以。」賈桂琳鎮定的把燭台端了起來，向幾位軍官道過晚安之後就上樓去了。就在她剛好踏上最後一個台階的時候，蠟燭熄滅了。

● 微心靈諮商

善於控制和掩飾自己、臨危不懼、機智沉著的人，常常能夠在「走投無路」的時候發現轉機。

11　困境也是一種賜予

一天，素有「森林之王」之稱的獅子，來到了上帝的面前，對上帝說道：「我非常感謝你賜給我如此雄壯威武的體格和如此強大無比的力氣，讓我成為了整座森林的統治者。」

上帝聽後，微笑著問獅子：「你今天來找我的目的不是來說這些感謝的話的吧，你似乎是遇到了一些麻煩。」

獅子輕輕的吼了一聲，說道：「上帝真的是太了解我了，我今天來的確是有事相求。因為儘管我的能力再好，但是每天早上雞鳴的時候，我都會被雞鳴的聲音所嚇醒。請您再賜予我一種力量吧，讓我從此不再害怕被雞鳴聲所嚇醒。」

上帝笑道：「你去找大象吧，牠可以給你一個滿意的答覆。」

獅子興沖沖的跑到河邊去找大象，還沒有見到大象，就聽到大象跺腳所發出的「砰砰」響聲。獅子加快速度向大象跑去，看到大象正在氣呼呼的跺著自己的腳。

獅子忙問大象為什麼發這麼大的脾氣？

大象回答道：「有隻討厭的小蚊子總想鑽進我的耳朵裡，害的我都快被癢死了。」

獅子離開了大象，心裡暗自想著：原來體型這麼巨大的大象，還會怕那麼瘦小的蚊子，那我還有什麼好抱怨呢？畢竟雞鳴只不過一天一次，而大象是無時無刻遭受著蚊子的騷擾。這樣一想，我還是非常幸運的。

獅子一邊往回走，一邊回頭看著仍在跺腳的大象。心想：上帝要我來看看大象的情況，應該就是想告訴我，誰都會遇上麻煩事，而祂並無法幫助所有人。既然如此，那我就只能靠自己了。以後只要雞鳴時，我就把牠當作是在叫我起床好了，如此一想，雞鳴不僅不再對我有害，反而還會對我有益。

● 微心靈諮商

一個障礙，就是一個新的已知條件，只要願意，任何一個障礙，都會成為一個超越自我的契機。在人生的路上，無論我們走得多麼順利，但只要稍微遇上一些不順的事，就會習慣性的抱怨老天虧待我們，進而祈求老天賜給我們更多的力量，幫助我們渡過難關。但實際上，老天是最公平的，就像對獅子和大象一樣，每個困境都有其存在的正面價值。

12　尋找自己的新大陸

哥倫布從小就非常的崇拜曾在熱那亞坐過監獄的馬可．波羅，他讀過《馬可．波羅遊記》，他對其中說到的印度和十分的嚮往。當時，地圓說已經很盛行，哥倫布對此也是深信不疑。他也曾為了證明這一點付出了不小的努力。

一開始哥倫布指望著葡萄牙王室能夠出一筆錢來資助他進行海上航行，以便能夠發現那些遙遠的島嶼。但是，國王約翰二世假裝給予他資助，卻派出了自己的考察隊，從而使哥倫布的希望整個破滅了。

哥倫布沒有什麼正經的工作，靠給別人畫各種圖表來維持生活，他的妻子也離他而去，他的朋友更是把他當成是瘋子，對他也是不聞不問。

西元一四九二年，哥倫布又找到了西班牙國王斐迪南和王后伊莎貝拉，希望能得到他們的支持，但斐迪南和伊莎貝拉夫婦認為他只要順著大西洋往西航行，就能夠到達東方的說法嗤之以鼻，他們認為哥倫布是一個瘋子。

哥倫布非常的絕望，他離開了西班牙皇宮，就在他將要離開西班牙的時候，他的機會到來了。因為有一位大臣建議國王說，如果哥倫布能夠成功，那麼這將會大大提升國王的聲望。於是國王找回了哥倫布，並同意給他一筆經費作為航海之用。

但是又有一個問題擺在他的面前，那就是沒有一個水手願意隨他出海，幸好國王和王后用強制手段下了命令，讓他們必須去。水手們心中都十分恐慌，他們覺得自己是在向地獄行駛。為了鼓勵他們，哥倫布就向他們描述了一番他所知印度的景象，說那裡遍地都是金銀珠寶，聽到這些，水手們的情緒才漸漸的平穩了下來。

在航海的中途，他們甚至險些發生一場叛亂，哥倫布憑藉自己的力量和智慧才是其能夠重新啟航。

在行駛了七天之後，他們終於看到了大陸的輪廓，哥倫布以為到達了印度。後來才知道，哥倫布登上的這塊土地，屬於現在中美洲巴勒比海中的巴哈馬群島，他當時為它命名為「聖薩爾瓦多。」

西元一四九三年三月十五日，哥倫布回到了西班牙。此後他又三次重複他的向西航行，又登上了美洲的許多海岸。直到西元一五〇六年他逝世的時候，他還一直以為他到達的是印度。後來，一個叫做亞美利哥的義大利學者，經過更多的考察和研究，才知道哥倫布到達的這些地方根本就不是印度，而是一個從來沒有人到過的新大陸，正是哥倫布發現了它。

● 微心靈諮商

在日常的生活中，有許多人經不起困難的折磨，總認為自己的能力不夠，或者沒有什麼強項可言。因此，常常缺乏向失敗挑戰的勇氣。在失敗時不要垂頭喪氣、不要認為自己命中註定會終生失敗，要認識到一切都是可以改變的，要靠自己的力量去改變一切。其實，我們只要能像哥倫布那樣，不懼怕失敗，勇於克服失敗，就一定能夠尋找到自己的新大陸。

第七章　與智者同行，你的一生會受益匪淺

1　學習別人，讓自己更睿智

每個人的強項都不是天生的，都是在不斷的學習過程中讓自己變得不斷的強大起來的。在這個問題的探討上，睿智的頭腦是最重要的。有些人不善於向強者學習，不善於讓自己的頭腦聰明起來，總是自以為是，反而會使自己在關鍵的時刻變得愚鈍。

「以人為師」是每一個強者的座右銘，其意思是：學習別人，發掘自我。這個過程就是尋找自己強項的最好方法。因此，真正的強者應該是謙和謹慎的，而不是傲慢無比的。

狄奧多·羅斯福在白宮的時候承認，如果他的判斷有百分之七十五是對的，行事便可以達到最高的期望。

像狄奧多·羅斯福這樣的偉人都只是承認自己判斷力的正確率最高只有百分之七十五，那你又當如何呢？

蘇格拉底曾一再向他的門徒說：「我唯一知道的，就是我不知道什麼。」

你不可能比蘇格拉底更加的聰明，所以從現在開始，你不要再指出人們有什麼樣的錯誤，更不要將自己的觀點強加在別人身上，因為你不能保證你的觀點完全正確。如果你認為有些人的話不對，就算你確信他說錯了，你最好還是這樣講：「我有另一個想法，不知對不對。如果我說的不對，希望你們能夠為我糾正。讓我們一起來探討一下這個問題。」

「我可能不對，讓我們來看看這件事。」這樣的話確實很奇妙。無論是天上還是地下，絕對不可能有人反對你的說法。

哈洛·雷恩克是拿破崙·希爾的一位學員，他也是道奇汽車在蒙大拿州的代理商。他曾經用過這種方式來處理顧客糾紛，他在報告中指出：由於汽車市場面臨的競爭壓力，在處理顧客投訴案件時，你不要表現出一種冷漠無情的表情，因為這很容易引起憤怒，甚至不能將生意做成，或者是產生許多的不快。

他對班上的其他學員說道：「後來我想清楚了，這樣確實無濟於事，後來便改變了做事的辦法。我轉而向顧客這麼說：『我們公司犯了不少錯誤，為此我深表遺憾。請把你碰到的情形告訴我。』這種方法顯然消除了顧客的敵意。情緒一放鬆，顧客在處理事情的過程當中就容易講道理了。許多顧客對我的諒解態度表示感謝，其中還有兩個人帶著自己的朋友過來買車。在競爭如此激烈的市場上，我們非常需要這樣的顧客。我相信，只要你對待乘客周到有禮，尊重顧客的意見，你也就贏得了競爭的本錢。」

● **微心靈諮商**

善於聽取別人的意見，並找到改正自己錯誤的方法，這對一個人來說是極其有益的。盲目自大的人，或者說不去傾聽別人意見的人，多半是缺乏向別人學習的態度，看不到田鼠和老鼠的區別，所以無所大成。

2 做人就應該有野心

野心是奇蹟的萌發點，也是永恆的特效藥；成功者和失敗者之間最大的不同，並不是天賦和才能，而是野心。

巴拉昂是法國的媒體大亨，在他去世之前曾寫了一份遺囑，這份遺囑在他死後刊登在了法國《科西嘉人報》上。他說：「我曾經是一個貧窮的人，去世時卻是以一個富人的身分走進了天堂。在跨入天堂的門檻之前，我不想把我成為富人的祕訣帶走，現在祕訣就鎖在法蘭西中央銀行我的一個私人保險箱內，保險箱的三把鑰匙在我的律師和兩位代理人手中。誰若能透過回答窮人最缺少的是什麼而猜中我的祕訣，他將能得到我的祝賀。當然，那個時候我已經不能從墳墓中爬出來為他表示祝賀，但是我可以從我的資產裡拿出一百法郎贈送給他，作為我給予他的掌聲。

這份遺囑在刊出之後，很多人都寄來了自己的答案。絕大多數的人寫的都是窮人缺少的是金錢。除了錢，窮人還能缺少什麼？有了錢，就不再是窮人了嗎？還有一部分人認為，窮人缺少的是機會。一些人之所以窮，就是因為沒遇到好的機會，在股票瘋漲之前沒有買進，在股票狂跌之前沒有拋出。另一部分人認為，窮人最缺少的是幫助和關愛。還有的人認為，窮人最缺少的是技能，現在能迅速致富的都是有一技之長的人。

在巴拉昂逝世的週年紀念日上，律師和代理人按巴拉昂生前的交代在公證部門的監視下打開了那只保險箱，在四萬多封來信中，只有一個小女孩猜對了巴拉昂的祕訣，這個小女孩名叫蒂勒。蒂勒和巴拉昂都認為窮人最缺少的是野心，即成為富人的野心。在頒獎的時候，有一位記者帶著所有人的好奇，問這個年僅九歲的小女孩蒂勒，為什麼你會想到是野心，而不是其他的。蒂勒回答道：「我認為野心可以讓你得到你想要得到的任何東西。」

巴拉昂的謎底和蒂勒的回答被登上了報紙，這不僅在法國產生了不小的轟動，甚至還波及到了英美國家。前不久，一些好萊塢的著名影星和幾位年輕的億萬富翁就此話題接受採訪時，都毫不掩飾的承認：野心是奇蹟的萌發點，也是永恆的特效藥；多數人之所以貧窮，那是因為他們有一個共同的弱點，那就是缺乏成為富人的野心。無論做什麼事情，都要用心去做，不用心做是什麼都做不好的。

● 微心靈諮商

巴拉昂所謂的「野心」不是指政治家爭權奪利的野心，而是指一個人有無改變現狀、不斷超越自我，從而使自己抵達一個又一個人生頂峰的夢想。人窮不能志短。安於現狀，只能一事無成。只有心比天高，立志做一番大事業，才能實現心中的夢想。

3 衝破卑微的束縛

他小時候不僅相貌醜陋，還患有嚴重的口吃。因為疾病的原因，他的左臉局部麻痺，他對別的孩子停落在他臉上的鄙夷目光也沒有多少感覺。他嘴角畸形，也許這能夠使他隨時咬碎別的孩子嘲諷的話語。他一隻耳朵失聰，這可以使他將別的孩子的奚落和起鬨阻擋在心靈之外。他也自卑過，心像一隻脆弱的蛹；但他更有奮發圖強的決心，他要自己穿過那層厚厚的「繭」。

別的孩子的童年時光是在玩具堆中度過的，而他則在茫茫書海中找到了顛簸前行的舟；當別的孩子嚼著香甜的巧克力的時候，他卻把書讀得津津有味；別的孩子疏遠了他，他就在成人讀物中找到促膝而談的智者。有一點是非常重要的，書本上的知識磨礪了他堅強的意志和永不放棄的特質。

為了矯正口吃的毛病，他就在嘴裡含著小石子練習講話，他要證明：柔軟的舌頭比石子和口吃的頑疾更堅韌！母親看到他那被小石子磨爛的嘴巴和舌頭，流著眼淚抱著他說：「不要練了，媽媽會陪你一輩子的。」他用手輕輕的拭去了母親的眼淚，並平靜對母親說道：「我要做一隻美麗的蝴蝶。」

他以優異的成績從中學畢業，並贏得了周圍人的敬佩和尊重。母親為他找到一份不錯的工作，「希望你能像平常人一樣平安度過一生」。但是他拒絕了，用非常堅定的語氣對母親說道：「媽媽，我要做一隻美麗的蝴蝶。」

他在掙脫了身上束縛的繭之後，在事業上頗有建樹。一九九三年他參加總理競選，對手居心叵測的利用電視廣告對他的臉部缺陷進行侮辱和攻擊。他用講話時總是歪向一邊的嘴巴鄭重承諾：「我要帶領國家和人民成為一隻美麗的蝴蝶。」在後來很長的一段時間內，這句話成為了人們廣為流傳的一句名言。

他就是被人們稱為「蝴蝶總理」，同時也是第一位連任兩屆的加拿大總理尚·克瑞強。

美國著名的心理學家詹姆斯曾對人的「潛力」做了如下解釋：「潛力」把包括才能和先天限制。除了這些還要加上「努力」兩個字。只有努力去衝破束縛和阻礙，你才能最大限度的發揮自己的潛力，從而成為真正的強者。

衝破禁錮的蛹的蝴蝶是美麗的，尚·克瑞強衝破了疾病、嘲諷和攻擊，最終放飛了生命中最美麗的「蝴蝶」。

● **微心靈諮商**

我們會經常被圍困在命運之繭中，出身卑微，一文不名，迭遭苦難，屢戰屢敗……無論那層「繭」多麼密集和厚重，我們都要用整個身心去穿越。生命由蛹化蝶，需要有尚·克瑞強那樣的自尊、自信和自強。

4　把自己變成一顆珍珠

有一個年輕人，在距離畢業還有兩年的時候，就已經不再好好念書了，整天忙著想找一份好一點的工作。於是，他開始走後門、拉關係，來為找一份好工作打基礎。他聽說有兩家大的企業現在正在招人，他就直接上門去推銷自己，希望企業能夠和自己簽訂一份用人合同，連試了幾次都失敗了，但他卻沒從失敗中學到任何的教訓。

老師知道這件事後，開始勸他說：「你現在還是一個學生，你現在的任務是好好學習，不要整天為了找到一份好工作而東奔西走。」但是年輕人卻反駁道：「學習的目的是什麼？不就是為了找到一份好工作嗎？如果我現在就能找到一份好工作，那我為什麼還要學習呢？」

老師聽後帶著年輕人來到了自己的辦公室，從辦公桌的抽屜裡拿出了一個盒子，老師將盒子打開，裡面裝著許多的珠子。老師對年輕人說：「這些珠子都是我精心收藏的，我可以無償的送給你一顆，你看中了哪一顆，我就把哪一顆送給你。」

老師把盒子拿到年輕人的面前，從裡面拿起一顆珠子遞給了年輕人，並向年輕人介紹了這顆珠子的顏色、光澤等，把這顆珠子說得天花亂墜。但是年輕人看得出來，那只是一顆普通的玻璃珠子，他當然不會要這顆珠子。

老師又從盒子裡拿起了另外一顆珠子，同樣也是說得天花亂墜，但是年輕人仍然沒有要。老師向年輕人介紹了好幾顆珠子，年輕人全都沒有要，因為他知道那些都只是一些普通的玻璃珠子。

老師笑了笑，把盒子遞給年輕人並對他說：「你想要哪顆珠子你自己挑吧。」

年輕人沒有接過盒子，而是毫不猶豫從盒子裡抓起了一顆珠子，因為他看得出來，那是一顆真正的珍珠，也是這個盒子裡唯一的一顆珍珠。

老師輕輕的拍了拍年輕人的肩膀說：「你會挑珍珠，別人當然也會挑珍珠。如果你只是一顆普通的玻璃珠子，你再怎麼推銷自己也沒有用；如果你肯努力把自己變成一顆珍珠，那麼你還要那麼辛苦的去推銷你自己嗎？」

● 微心靈諮商

要想變成一顆珍珠，就要不斷充實自己，使自己成為一個有知識、有智慧的人。一個人沒有真才實學是不行的。一顆玻璃珠子，無論你怎麼打磨修飾，也只不過是一顆玻璃珠子，並不能因此而改變什麼。生命的價值首先取決於自己的態度，珍惜獨一無二的你自己，珍惜這短暫的幾十年光陰，不斷學習，不斷挖掘潛能、充實自己，世界就終將認識到你的價值。

5 學會每天淘汰自己

在一九九〇年代的某一天，美國總統柯林頓和他的夫人希拉蕊出席一個為身心障礙者謀求職業的儀式，幾乎與此同時，一名美國運動員退役的新聞發布會也正在美國大地的另一處舉行。身為球迷的柯林頓也不能免俗做到心無旁騖，他忍不住在身心障礙者謀求職業儀式上說了毫無關係的一番話：「在我的一生中，還沒有看到有其他的運動員能將頭腦、身體和精神諸項素養結合得像他那樣精美。我認為美國的體育迷用一到兩天的時間發出的感歎是很正常的。如萊特兄弟一樣與其他的美國先驅，他證明了人類確實可以飛翔！」

那一年這名運動員已經三十六歲了。幾個月以前，他用一次匪夷所思的出手為 NBA 留下了一道曼妙的曲線，以八十七比八十六的分數幫助芝加哥公牛隊反敗為勝，並為自己摘得了第六枚總冠軍戒指。

在美國 NBA 職業籃球隊中，有天分的籃球隊員是很多的，而真正稱得上「飛人」的卻只有一個人，那就是喬丹。

那到底是什麼動力，讓喬丹能夠獲得如此的成績呢？答案就是他教練的一句話改變了喬丹的一生。

當喬丹還是一個不太出名的球員時，在一場比賽勝利後，喬丹和同伴正沉浸在這場比賽勝利的喜悅。

但是教練卻沒有因為這場比賽勝利而露出過多的笑容，他是把喬丹拉到一旁，嚴肅把喬丹批評了一通，其中的一句話使喬丹永銘於心：「你是一個優秀的隊員，可是今天的比賽場上，你發揮的差極了，完全沒有突破，這不是我想像中的喬丹，你一定要在美國籃球隊裡一鳴驚人，你必須時刻記住——要學會自我淘汰，淘汰掉昨天的你，淘汰自我滿足的你……」

於是喬丹就是憑藉著這位高中時教練的一句話，最後挺進了芝加哥公牛隊，後來成為了全美國乃至全世界家喻戶曉的「飛人喬丹」。

● 微心靈諮商

拋掉出神入化的球技，人們更難以忘懷的還有喬丹的人格魅力。在千萬富翁雲集，但卻充斥著大麻味道和紋身色彩的巨人陣營中，似乎只有喬丹出汙泥而不染。他恪守體育道德，尊師愛幼，大有君子之風。在青少年心中，喬丹成了無瑕的榜樣。這正是與他不斷進行自我淘汰，不斷淘汰自身的不完美有關！

6 只看自己所擁有的

她站在台上，揮舞著她的雙手，但卻顯得很不規律。她仰著頭，脖子伸得很長，與她尖尖的下巴扯成一條直線。她微張著嘴，眼睛眯成了一條線，很奇怪看著台下的學生。從他口中不時發出依依嗚嗚的聲音，但卻聽不清楚在說些什麼。基本上她是一個不會說話的人，但是，她的聽力很好，只要對方猜中或說出她的意見，她就會樂得大叫一聲，伸出右手，用兩個指頭指著你，或者拍著手，歪歪斜斜的向你走來，將一張用她自己的畫製作成的明信片送給你。

她是一位自小就患有腦性麻痺的病人，她的名字叫黃美廉。腦性麻痺不僅令她肢體的平衡感喪失，還奪走了她發聲講話的能力。她活在身體不便和他人異樣的眼光之中，她的眼睛裡充滿了血淚。然而她沒有讓這些外在的痛苦擊敗她內在的精神，她昂然面對，向一切不可能發起挑戰。終於獲得了加州藝術博士學位，她用她的手當畫筆，以色彩告訴人「寰宇之力與美」，並且燦爛的「活出的色彩」。

在一次演講中，全場的學生都被她不能控制自如的肢體動作所震懾住了，這是一場充滿熱情的演講。

「請問黃博士，你從小就長成這個樣子，請問你怎麼看你自己？你都沒有怨恨嗎？」一個學生小聲的問。

聽到這句話，很多人都是心頭一緊，心想這個傢伙真是太不成熟了，怎麼可以當著面，在大庭廣眾之前問這個問題，太刺激人了，很擔心黃美廉會受不了。

黃美廉聽後用粉筆在黑板上重重的寫下「我怎麼看自己」這幾個字。她寫字時用力極猛，有力的氣勢，寫完這個問題，她停下筆來，歪著頭，回頭看著發問的同學，然後嫣然一笑，回過頭來，開始在黑板上龍飛鳳舞的寫起來：「我好可愛；我的腿很長很美；我有隻可愛的貓；爸爸媽媽這麼愛我；上帝這麼愛我；我會寫稿，我會畫畫……」

教室內突然之間變的鴉雀無聲，沒有人敢講話。她回過頭來定定的看著大家，再回過頭去，在黑板上寫下了她的結論：「我只看我所有的，我沒有的從來都不去看。」

教室裡立刻想起了雷鳴般的掌聲，看看美廉傾斜著身子站在台上的笑容，從她的嘴角蕩漾開來，眼睛眯得更小了，有一種永遠也不被擊敗的堅強，寫在她臉上。

演講結束之後，走出教室，黃美廉寫在黑板上的結論，一直在人們眼前跳躍：「我只看我所有的，我沒有的從來都不去看。」這句話講將會鮮活的印在人們的心上，直到永遠。

微心靈諮商

我們的眼睛不要始終盯著缺陷，只看自己擁有的，這是一種多麼昂揚的人生態度。在我們現實生活中，每個人都會有自己的不滿地方。有人身殘，有人先天患有不治之病，有人生活艱難，各種各樣，總會認為不如意的地方。但是，當我們面對這些問題時，不同的人就有不同的看法。由於這種不如意的地方是永遠無法改變的，只能自己靠自己的能力打敗自己的缺點，才能跑向終點！如果我們一直以來都盯著我們的缺點看，就永遠也無法彌補它。

7 認命不如拼命

在生活中，很多人一旦遇到挫折或者困難就會放棄，並且說：「我認命了，老天爺對我太不公平了，我不想和命運抗爭了，一輩子就這樣過了。」於是，這樣的人一輩子也許就會在失志、失意中默默無聞的度過。但是有的人卻不這樣想，他們認為認命還不如去拼命，既然命運是這麼的不公平，為什麼我們自己不去全力抗爭呢？於是，他們就會鼓起勇氣，去克服一個又一個的困難，並最終獲得成功。

世界游泳冠軍摩拉里就是這樣做的。

在少不更事的時候，摩拉里的心中就充滿了夢想，夢想著即將到來的決戰時刻。一九八四年在洛杉磯奧運會的前夕，摩拉里當時已經有幸躋身到最優秀的參賽運動員的行列中。但是令人遺憾的是，在賽場上，他發揮的卻並不好，只獲得了一枚銀牌，與奧運冠軍真的是擦肩而過。但是他沒有因此而灰心喪氣，從光榮的夢想中淡出之後，他把目標瞄準了一九八八年的韓國漢城奧運會。

但是這一次，他的夢想在奧運會的預選賽上就破滅了。他殘酷的被淘汰，跟大多數受挫情況下的人們反應一樣，他開始變得沮喪，把自己對於體育的夢想深深埋心中。當時，他和他周圍的人都認為這是命運的安排，讓他一次次與冠軍失之交臂。就這樣，大約有三年的時間，他是很少游泳的，因為那成了他心中永遠的一塊傷痛。

但是，有一天，摩拉里忽然意識到自己再這樣認命真的是犯了一個大錯誤，他想：認命還不如拼命呢？不拼，就永遠都不會有成功的希望，只要全力去拼了，才有可能獲得成功。在這種積極思想的主導下，摩拉里重新燃燒起希望：「我一定要贏！」他這樣來激勵自己。

這個時候離一九九二年的夏季奧運會還有不到一年的時間，摩拉里決定全力以赴。游泳賽事是一項比較年輕的賽事，三十多歲的摩拉里可以說是高齡了，而且他又有很長時間沒有參加體育運動了，再去百米蝶泳的比賽中與那些優秀的選手們拚搏，所以，有的人認為他的行為簡直就像是拿著槍矛戳風車的唐吉訶德一樣不自量力。但是這一次，摩拉里決定不再接受命運的安排，他要全力以赴。

在預賽的時候，他的成績比世界記錄慢了一秒多，所以，在決賽中他必須付出更多的努力，他努力的為自己增壓打氣。在游泳池中，他的速度果然是不可思議的快，超過其他的競賽者而一路遙遙領先，最後他不僅奪得了冠軍，而且還打破了世界記錄。

● 微心靈諮商

人要有認命不如拼命的精神，不認命，才會全力抗爭。同時要有愛拼的心性，愛打拼，困難才會在你面前低頭，成功才會向你招手。

8 愛動腦筋是一種智慧

福瑞迪是一名十六歲的小男孩，在暑假即將到來的時候，他突然對自己的老爸說：「爸爸，我不想整個夏天都像你伸手要錢，我想找份工作。」

父親聽了之後，感覺十分震驚。過了好半天，他才對小佛瑞迪說：「好啊，佛瑞迪，我會想辦法給你找份工作，但是恐怕不容易。現在正是人浮於事的時候。」

「你沒有弄清我的意思，我並不是要您給我找工作，我要自己來找。還有，請不要那麼消極，雖然現在人浮於事，我還是可以找到工作。有些人總是可以找到工作的。」

「哪些人？」父親帶著懷疑問。

「那些會動腦筋的人。」兒子回答說。

接下來，佛瑞迪便在廣告欄上仔細尋找，終於，他找到了一個很適合他專長的工作，廣告上說找工作的人要在第二天早上八點鐘到達四十二街一個地方。佛瑞迪並沒有等到八點鐘而是在七點四十五分就到了那裡。可他看到已有二十個男孩排在那裡，他只是隊伍中的第二十一名。

怎樣才能引起特別注意而競爭成功呢？這是他的問題，他應該怎樣處理這個問題？

根據佛瑞迪所說，只有一件事可做——動腦筋思考。因此他進入了那最令人痛苦也是令人快樂的程序——思考。在真正思考的時候，總是會想出辦法的，佛瑞迪就想出一個辦法。他拿出一張紙，在上面寫了一些東西，然後摺得整整齊齊，走向祕書小姐，恭敬對她說：「小姐請你馬上把這張紙條轉交給老闆，這非常重要。」

他是一名老手，如果他是個普通的男孩，她可能就會說：「算了吧，小夥子。你回到隊伍的第二十一個位置上等吧。」但是他不是普通的男孩，他散發出一種自信的氣質。她把紙條收下了。

「好啊！」她說，「讓我來看看這張紙條。」她看了不禁微笑了起來，然後立刻站起來，走向老闆的辦公室，把紙條放在老闆的桌上。老闆看了也大聲笑了起來，因為紙條上寫著：「先生，我排在隊伍中第二十一位，在您還沒有看到我之前，請不要先做決定。」

他是不是得到了工作?他當然得到了工作，因為他很早就學會了動腦筋。一個會動腦筋思考的人總能發現問題，也能夠解決它。

● 微心靈諮商

激烈的競爭中，自信固然重要，但更為重要的是扭轉劣勢、增強競爭力的智慧。正是憑著紙條上充滿智慧的語言，排在第二十一名的佛瑞迪才得以從眾多的競爭者中脫穎而出。

9 感謝你的對手

一九四二年的冬天，盟軍的兩支部隊分別從紅海東岸和地中海沿岸，向駐紮在北非的一個德國軍營挺進，任務是從那裡的納粹集中營裡救出被關押的五百多名英國軍人和北非土著。執行任務的是一支英國軍隊和一支美國軍隊。

英國軍隊穿過一段叢林，渡過尼羅河，一路上平平安安，沒有敵軍埋伏，甚至沒有野獸襲擊，行軍非常順利。

而美國軍隊從紅海東岸啟程，需要穿過一段沙漠，渡過一條沒有橋的河流，需要衝破敵人的兩道防線，更要命的是在突破第二道防線後準備安營紮寨休整一下的時候，希特勒安置在蘇丹東部的一個藏兵營向他們撲來。而此時，他們已經疲憊不堪了。

十天後，盟軍按計畫拿下了阿爾及利亞東部的德軍駐紮點，營救成功。誰也想不到，立下這一汗馬功勞的不是英軍，而是當時已經危在旦夕的美軍，當那個藏兵營的德軍追上來時，美軍早已順利完成任務沿著英軍的進軍路線撤退了。撤退途中他們遇到一個英國士兵，英國士兵告訴他們：「我們的部隊被一支德國藏兵營突然沖散了……」

「一支強大的軍隊這樣輕易的……為什麼？」美軍指揮官斯特羅斯問。

英國士兵沉默了，因為他也不知道為什麼。真正明白其中緣由時，他已經成了一位老人。戰後他一直在一個山林裡過著悠閒自在的狩獵生活，和他相伴的是一隻勇猛的獵犬。一九六二年，他結束了打獵生涯，買了一座莊園，養起了一群雞鴨，獵犬也成了莊園的一個主人。

兩個月後，一向威猛的獵犬開始不思茶飯萎靡不振起來，最多也就是百無聊賴的到莊園中間那個小山丘上逛一圈，然後無精打采的回到牠的狗屋裡呼呼大睡，很快就瘦得像一具標本了。老士兵非常著急，但不知怎樣才能改變現狀。

轉眼到了冬天。一隻覓食的蒼鷹光臨了他們的莊園，低低的在上空盤旋，獵犬突然雙目發光，竄起來衝著蒼鷹狂叫，威風極了。那天，狗吃了許多食物。

有所醒悟的老兵從山裡捕回一隻狼，拴在莊園外的一棵樹下。從此情況果然變了，只要看到狼，狗便顯得非常有精神，並且一天天胖了起來。

十年後，獵犬因年事已高病死了，老士兵去了日本旅遊。他偶然看見幾個孩子在玩一個叫做「生存」的遊戲：一些卡片上分別有老虎、狼、狗、羊、雞、獵人等圖案，三個孩子各執一副，暗自出牌，虎能通吃，但兩個獵人碰一塊可以打死一隻虎，一個獵人能打死一隻狼，兩隻狼碰在一起可以吃掉一個獵人。有道理，老士兵想。但他發現，當每個孩子手裡的虎和狼都滅亡後，一隻羊就能吃掉一隻狗。

羊怎麼能吃掉狗呢？老士兵不解。三個孩子認真說：「當然，因為虎和狼沒有了，狗正處在一種安逸和放鬆的享樂狀態中，在我們的生存遊戲中，此時不但一隻羊能吃掉牠，兩隻雞碰在一起都能將牠消滅。沒有了對手和較量，沒有了危機和競爭，任何一種事物都會萎靡倦怠從而走向頹廢甚至滅亡——我們的教科書上就是這麼寫的。」

● 微心靈諮商

無論你是個多麼強的人也會由於沒有了對手而無生命的意義，這也就好比沒了磨練自己的事情，就會慢慢走向滅亡。

10　和最後一次失敗說再見

霍利爾·傑夫在剛開始創業經商的時候，先建了一個工廠，準備用來生產汽車，但終因沒能打開市場而失敗了，他還因此而欠下了一百萬美元的債務。後來也有和一位法國經商的高人合作，準備生產紫蘇葉鹹菜。結果卻因種出的紫蘇早熟，纖維咀嚼不爛，他又以失敗而告終。他要賠償農民的損失，這次需要賠償的金額更大。

這兩次慘重的失敗，並沒令他喪失信心，他仍然借錢去做。他說：「兩次失敗已經給我上了兩堂深刻而生動的經商課，我現在已經知道了如何去做了。」

他開始轉變自己的思路，他開始緊緊圍繞人們的日常生活，尋找機會。找到適銷對路的產品，這樣再將市場做大。

他先進行市場調查。經過一段時間的市場調查後，他發現寢具用品有銷路，於是他決定生產寢具用品。這個項目是在市場調查的基礎上定下來的，因此會比較的可靠。

他把這一次的投資額縮減到原來投資額的十分之一，他從高利貸那裡借來了八萬美元，不再想一口吃成胖子，要摸索著走從小到大的道路。這些變化都是從前兩次的慘敗教訓中學到的，是保證他將來走向成功的種子。

在他第三次投資，生產寢具用品時，成功的種子開始發芽了，他獲得了成功。現在的他已經是集團的總裁；總資產已經超過了五億美元。

他在回首自己的創業之路時，頗有感觸。

他說：「失敗中含有成功的種子，失敗為成功之母，這是真理。只有在經歷過失敗的教訓之後，才能走向最後的成功。」

他說：失敗具有雙重性，既可以使人從此躺倒，也可以使人獲得新生。你究竟選擇哪一種，不是命運使然，而在於你如何看待失敗。如果你在失敗的時候努力尋找成功的種子，那麼你的未來將是美好的。否則，成功者的行列裡就永遠不會有你的身影。失敗可以使我們變得更加的聰明，也只有這樣才能使我們走向成功。」

● 微心靈諮商

傑夫曼的成功經歷告訴我們，失敗其實並不可怕，關鍵是不能把一次失敗當成最後的失敗，而要從失敗中取得教訓，讓失敗成為成功之母。德國學者斯科特·菲茨傑拉曾經說過：「千萬不要把一次失敗和最後的失敗混為一談。」一次失敗，我們可以學到很多，它是邁向成功的一小步，如果我們繼續向成功邁進，失敗越多，就離成功越近。而最後一次失敗，是永遠的失敗，那是和成功背道而馳的。如果把一次失敗。當作最後一次失敗，那麼就會離成功越來越遠，只能一生與失敗為伴。一旦失敗停留在我們身邊，它會立刻爆炸，使我們失去自信，失去鬥志，使得成功也對我們望而生畏。

不論你敗得多麼慘，損失多麼大，敗了多少次，千萬不要放棄。那些勇敢的人，會努力的行走在失敗與成功之間，他們知道，只要腳踏實地的戰勝失敗，才會迎來成功的那一天。

11 敢於從頭再來

法國最珍貴的陶器就要算是帕里斯燒製的彩陶了。帕里斯用了整整十六年的時間、經歷了很多次我們一般人難以想像的失敗和磨難，才獲得了最後的成功。

西元一五一〇年，帕里斯出生在法國南部，他一直從事玻璃製造業，直到有一天他看見一個精美絕倫的義大利彩陶茶杯，就是這一眼，改變了他一生的命運。

「我也要製造出這樣美麗的彩陶。」這是他當時唯一的信念。於是他建起烤爐，買來陶罐，打成碎片，開始摸索著進行燒製。

幾年時間過去了，碎陶片堆得像小山一樣，可是他心目中的彩陶卻還不見蹤影，他最窘迫的時候甚至無米下鍋。那時他只得回去重操舊業，賺錢來生活。

帕里斯等賺了一筆錢後，又燒了三年的陶器，碎陶片又在磚爐旁堆成了山，可是還是沒有什麼結果。以後連續幾年，他賺錢買燃料和其他材料，不斷試驗，都沒有成功。長期的失敗讓人們對他產生了看法。都說他是一個愚蠢的人，是個大傻瓜，連他的家裡人也開始埋怨他。他也只是默默承受。

沒過多長時間，他的試驗又開始了，他十多天都沒有脫衣服。日夜守在爐旁，當燒火的燃料不夠了，他就拆了院子裡的木柵欄，怎麼也不能沒有火。

最後，柴火又不夠了！他搬出了家裡的傢俱，劈開，扔進爐子裡。

還是不夠，他又開始拆屋子裡的木板。劈劈啪啪的爆裂聲和妻子兒女們的哭聲，讓人聽了鼻子都是酸酸的。

馬上就可以出爐了，多年的心血應該有回報了，可就在這個時候，只聽火爐裡面「呲」的一聲，不知是什麼東西爆裂了。所有的產品都沾染上了黑點，結果全都成為了次品。

眼看到手的成功，又失敗了！

帕里斯當時也感受到了巨大的打擊，他沒事的時候就獨自一人到田野裡漫無目的的走著。就這樣不知道過了多長時間，優美的大自然終於讓他恢復了心裡的平靜，他平靜又開始了下一次試驗。

經過十六年無數次的艱辛歷程，他終於成功了，而這一刻，他卻一片平靜。他的作品成了稀世珍寶，價值連城，藝術家們爭相收藏。他燒製的彩陶，至今仍在法國的羅浮宮裡閃耀著光芒。

帕里斯的成功之路可以說是漫長而艱辛的。他的成功來得非常不容易。在一次又一次的失敗中，一次又一次的重新站起，這正是帕里斯成功的所在。

敢於奮鬥的人是不相信失敗的。他們把遇到的錯誤和挫折當作是學習和發展新技能及策略的機會，而不是失敗。失敗暗示著浪費，什麼也沒有得到。其實恰恰相反，人們從每次錯誤中可以學習到很多東西，並調整自己的路線，重新回到正確的道路上來。錯誤和失敗是不可避免的，甚至是必要的；它們是行動的證明——表明你正在做著事情。你犯的錯誤越多，你成功的機會就越大，失敗表示你願意嘗試和冒險。奮鬥者應該明白：每次的失敗都使你在實現自己夢想的道路上前進了一步。

狄奧多．羅斯福說：「最好的事情是敢於嘗試所有可能的事，經歷了一次次的失敗後贏得榮譽和勝利。這遠比與那些可憐的人們為伍好得多，那些人既沒有享受過多少成功的喜悅，也沒有體驗過失敗的痛苦，因為他們的生活暗淡無光，不知道什麼是勝利，什麼是失敗。」

所以，我們不要害怕失敗，在失敗面前，只有永不言棄的人才能傲然面對一切，才能最終取得成功。其實，失敗真的只不過就是從頭再來！

● 微心靈諮商

失敗是一個人一生中不可能避免的事情，沒有失敗怎麼會有成功呢？不是有句俗話叫：「失敗乃成功之母」嗎，所以當我們遇到失敗的時候，不要只看到眼前，要往以後想想，以後是什麼，就是成功。

第八章　開發智慧，為成功插上一雙翅膀

1　劃清自己的底線

在一片山林之中，隱居著一位武術大師，聽到他的名聲，人們都千里迢迢來尋找他，想跟他學習一些武術之中的竅門。

那些千里迢迢來尋找這位武術大師的人到達深山的時候，看到大師正在山谷裡挑水。他用來挑水的桶並不大，水挑的也並不多，兩隻木桶裡水都沒有裝滿。按照他們的想法，大師應該能夠挑很大的桶，而且水也應該挑得滿滿的。

他們感到很不解，便向大師詢問：「大師，這是什麼道理？」大師微笑著對他們說：「挑水之道並不在於挑多，而在於挑得夠用。如果一味貪多，就會適得其反。」眾人更加的不解。

大師從他們中挑了一個人出來，讓他重新從山谷裡打兩桶裝的滿滿的水上來。那人挑得非常的吃力，搖搖晃晃，沒走幾步，就跌倒在地，不僅水全都灑了，膝蓋也被摔傷了。這時大師對他們說：「水灑了，豈不是還得回頭重打一桶嗎？膝蓋傷了，走路艱難，豈不是比剛才挑得還少嗎？」

「那麼大師，請問具體挑多少，怎麼估計呢？」有人這樣問道。大師笑著說道：「你們看這個桶。」眾人都向那兩個桶看去，兩個桶裡都劃了一條線。

大師向眾人說道：「這條線就是底線，水絕對不能高於這條線，高於這條線就超過了自己的能力和需要。起初還需要畫一條線，挑的次數多了以後就不用看那條線了，憑感覺就知道是多是少。有這條線，就可以提醒我們，凡事都要盡力而為，也要量力而行。」

這時又有人問道：「底線應該定多低呢？」大師說：「一般來說，越低越好，因為目標越低也就越容易實現，這樣你的勇氣也不容易受到傷害，相反還會培養你更大的熱情和興趣，長期下去，循序漸進，你就會挑的更多、更穩。」

挑水就像是武術，武術又如同做人。循序漸進，逐步實現目標，才能避免許多無謂的挫折。

● **微心靈諮商**：

做事情是需要有一個底線的，不能毫無原則，如果失去了原則，我們就不可能堅持自己的立場，到頭來就成了「牆頭草兩面倒」。

2 團結就是力量

螞蟻駐地遭到了蟒蛇的攻擊。蟻王在衛士的保護下來到宮殿外，只見一條巨蟒盤在峭壁上，正用尾色用力的拍打峭壁上的螞蟻，躲閃不急的螞蟻無一例外的丟掉了性命。

正當蟻王無計可施的時候，軍師把在外勞作的數億隻螞蟻召集起來，指揮螞蟻爬上周圍的大樹，讓成團成團的螞蟻從樹上傾瀉下來，砸在巨蟒身上，轉眼之間，巨蟒已經被螞蟻裹住，變成了一條「黑蟒」。牠不停的擺動身子，試圖逃跑，但很快，動作就緩慢下來，因為數億隻螞蟻在撕咬牠，使牠渾身鮮血淋漓，最終因失血過多而死亡。

一條蟒蛇，足夠螞蟻一年的口糧了，這次戰鬥雖然犧牲了兩三千隻螞蟻，但收穫也不小。蟻王命令把巨蟒抬回宮殿，在軍師的指揮下，近億隻螞蟻一齊來扛巨蟒。牠們並不費力的把巨蟒扛起來了。然而，扛是扛起來了，但是螞蟻的行動不協調，牠們並沒有站在一條直線上，有的螞蟻向左走，有的向右走，有的向前走，有的則向後走，結果，表面上看到巨蟒的身體在挪動，實際上卻只是原地「擺動」。

於是軍師爬上大樹，告訴扛巨蟒的螞蟻：「大家記住，你們的目標是一致的，那就是把巨蟒扛回家。」統一了大家的目標，軍師又找來嗓門最大的一百隻螞蟻，讓牠們站成一排，整齊的揮動小旗，統一指揮前進的方向。

這一招立即見效，螞蟻們很快將巨蟒拖成一條線，螞蟻們站在一條直線上。然後，在指揮者們的統一指揮之下，螞蟻們邁著整齊的步伐前進，很快將巨蟒抬回了家。

還有這樣一個故事：

黃昏時候，洪水最終撕開了江堤。一個個小院子，頃刻變成了一片汪洋。

清晨，受災的人們，三三兩兩站在堤上，無奈凝望著水中的家園。忽然，有人驚呼：「看，那是什麼？」只見一個黑球，正順著波浪飄過來，一沉一浮，像是一個人！有人「嗖」的跳下水去，很快就靠近了黑球，但見他只停了一下，就掉頭回游，轉瞬上了岸。然後對大家說：「那是一群螞蟻組成的蟻球。」、「蟻球？」人們很是不解。

說話間，蟻球正漂過來，越來越近，原來，是一個足球大小的蟻球！黑乎乎的螞蟻緊緊抱在一起。風浪波湧，不斷有一群螞蟻被波浪打掉，像鐵器上的油漆剝離而去。人們看得目瞪口呆。

靠岸了。螞蟻一層層散開，像打開的登陸艇。蟻群迅速而秩序井然的一排排沖上堤岸，勝利登陸。水中，仍留下不小的一團蟻球，那是英勇的犧牲者，牠們再也爬不上來了，但牠們的屍體，仍然緊緊抱在一起。

● 微心靈諮商

螞蟻憑藉什麼能夠戰勝巨大的蟒蛇，並將比自己重百倍、千倍、甚至萬倍的巨蟒搬回家？這樣偉大的壯舉光靠一隻螞蟻是無法做到的，必須由無數隻螞蟻結成具有共同目標且行動一致的團隊才能夠完成。

任何一個人要成功，就一定要有一個組織、一個團隊來共同達到目標。前世界首富保羅·蓋蒂說：「我寧可用一百個人每人百分之一的努力來獲得成功，也不要用我一個人百分之百的努力來獲得成功。」

3　以退為進的大智慧

在人的一生中，被人誤解是在所難免的，那些誤解很可能會變成可怕的謠言，再出現誤解的時候，你會如何處理呢？你是急著向所有的人澄清事實，還是不置可否、泰然處之，讓時間來對這一切進行證實呢？

公孫弘是漢代的丞相，他年輕的時候家裡非常的貧窮，一直到他當上丞相之後仍是十分的儉樸。吃飯時只有一個葷菜，睡覺也只睡普通的棉被。卻因為這樣，被大臣汲黯參了一本，批評公孫弘位列三公，擁有可觀的俸祿，但卻只蓋普通的棉被，其根本目的就是為了騙取清廉儉樸的美名。

於是漢武帝問公孫弘問道：「汲黯所說的都是真的嗎？」公孫弘回答道：「汲黯說得全都是真的。在滿朝的文武大臣之中，他與我交情最好，他是最了解我的人。今天他當著眾人的面指責我，正是切中了我的要害。我雖然位列三公，但卻只蓋棉被，過著和普通百姓一樣的生活，的確是故意裝得清廉以沽名釣譽。如果汲黯對陛下不是忠心耿耿，那麼陛下又怎麼會能聽到他對我進行這樣的批評呢？」漢武帝聽了公孫弘的這番話後，反倒覺得他為人謙讓，對他的尊重之情更加的深了。

公孫弘的智慧就在於面對汲黯的指責和漢武帝的詢問，全都承認，一句也不辯解。汲黯指責他「使詐以沽名釣譽」，無論他怎樣辯解，其他人都已經先入為主的認為他在繼續「使詐」。公孫弘深知這個指責是非常有分量的，因此採取了十分高明的一招，對汲黯的指責不作任何辯解，承認自己沽名釣譽。這也正表明自己至少「現在沒有使詐」。由於「現在沒有使詐」，所以得到了指責者和其他人的認可，也就減輕了罪名的分量。公孫弘的高明之處不光在於此，還在於他對指責自己的人大加讚揚，說他是「忠心耿耿」的。這樣一來，就能夠給皇帝和同僚們留下這樣深刻的印象：公孫弘確實是一個「宰相肚裡能撐船」的人。既然眾人有了這樣的心態，那麼公孫弘就用不著去辯解沽名釣譽了，因為這並不能證明其有什麼政治野心，對皇帝和同僚構不成一點威脅，這只是對清名的一種嗜好，也不會傷什麼大雅。

● **微心靈諮商**

以退為進是一種大智慧。有這樣一些人，他們在根本不了解事實真相的情況下就妄下結論，甚至將一些莫須有的罪名強加到你的頭上。這時，如果你去辯解反而會讓人認為你心中一定有鬼，即便最後得到澄清也極可能給別人留下一種不好的印象。對那些根本就不存在的事情不需要進行過多的解釋，因為事情總有真相大白的那一天，曾經誤解你的人也會變得尊重你。有了錯誤就承認不是什麼大不了的事，這樣還會讓人覺得你品格高尚。勇於承認錯誤的人更容易得到他人的諒解。

4　將完美拒之門外

秦王嬴政滅掉七國，統一天下之後，也有很多失意的地方。俗話說：有得必有失。

所得既多，所得即使再增加，也不會覺得欣喜；失去的哪怕再少，也會變得惶惶恐恐；所失既多，即使再失去，也不會感到痛惜，稍有所獲就會變得非常得快樂。如此看來，得意是失意的緣由，失意是得意的開始。

我們人生之中最大的得意和失意，都不是由我們自己來掌握的。人生最大的得，應該是「生」。我們從父母那裡得到生命，因為沒有這個最開始的得，就沒有以後的得，生命是得的根本。而人生最大的失，應該是「死」。當這一刻來臨的時候，我們必須將我們所得的一切全都交出去，我們的生命也包括在其中。這最大的得與最大的失，我們尚且都無法掌握，就沒有什麼其他的得失可計較了。

努力做到最好是我們應該做的，但人永遠無法做到完美。我們面對的情況如此複雜，以致沒有人會從不犯錯。所以我絕對不會要求你做一個完人，因為這樣的人是根本不存在的。

有一個非常富有的大富翁，他無論做任何事情都要求做到最好。有一天他得了一種小病，是喉嚨發炎。這是一種任何一位大夫都能夠看好的病，但是由於他求好心切，決定找一位最好的醫生來為自己診治。

為了尋找這位最好的醫生，他花費了無數的金錢，走遍了各地。他每到一個地方，那個地方都告訴他當地有名醫，但是他認為別的地方一定還有更好的醫生，所以他都沒有留下來診治，而是繼續的尋找。

他就這樣一天天的找下去，直到有一天他路過一個偏僻的小村莊，他的病情變得非常的嚴重，扁桃腺都已經惡化成膿了，必須馬上醫治才行，否則性命難保。可是當地沒有任何醫生。這個富有的人，居然因為一個小小的喉嚨發炎而丟掉了生命。

有些時候，人們不能將自己的過失進行正確的對待。很多人期望別人完美無瑕，常常記住別人的缺點，因為他們希望別人能夠改正，因為別人的過失總在他們最脆弱的時候觸痛他們的心，這一點是讓他們難以諒解的。

一個完美的人，在某種意義上說，也是一個可憐的人。因為他永遠都沒辦法體會到、有所稀有所追求的感受；他永遠無法體會別人帶給他一直夢寐以求的東西的喜悅。一個能夠堅強面對失去親人的痛苦的人是完整的，一個有勇氣放棄自己無法實現的理想的人也是完整的。因為他們都經歷了最壞的遭遇，卻承受住了這種沉痛的打擊。

有句話說得好：「水至清則無魚，人至察則無徒」。從前有一個漁夫，一次出海打漁，他從海裡撈到了一顆大珍珠，愛不釋手。可是珍珠上面有一個小黑點，影響了珍珠的美觀。漁夫想，如能將小黑點去掉，珍珠將變成無價之寶。於是，他就用刀子把黑點刮掉。可是，刮掉一層，黑點還在，再刮一層，黑點還在，刮到最後，黑點沒了，珍珠也被刮完了。

人們往往為了堅持完美，而把它們原本擁有的一些東西都給丟掉了。雖然他們還在永遠找不到完美的地方到處搜尋，但是他們是不可能擁有完美的。追求完美無缺的事物是很正常的，但是，願望落空的現象也會經常發生。長處與短處，優點與缺點，都是相比較而存在的，最完美的並不等於就是最好的。

生命就像是一場足球比賽，哪怕是最好的球隊也會有丟分的時候，最差的球隊也有其輝煌的那一刻。我們只需要讓自己得到的比失去的多，這樣就算是實現了自己的目標。

● 微心靈諮商

完美只存在於理想之中，人生之中是沒有完美可言的。人在大的得意中常會遭遇小的失意，小的失意與大的得意比起來，可能微不足道，但是人們卻往往會怨歎那小小的失意，而不去想想既有的得意。生活中處處都有遺憾，這才是真實的人生。因而人不能苦悶於那種「完美」的追求之中，這樣可能會留給我們更多的遺憾。其實，人生太多的遺憾是由於人們對完美的過度追求所造成的。所以我們應該拒絕完美、知足常樂。

5　鑽石就在你身邊

在很久以前，有一個年輕英俊的國王，他既富有又很有權勢，他經常默默問自己：「我一生中最重要的人是誰呢？我一生中最重要的時光是什麼時候呢？」於是他向全世界的哲學家發布了這樣一個消息：凡是能夠圓滿的回答出這兩個問題的人，就能夠和他分享財富。哲學家們從世界各個角落趕來了，來的每一位哲學家都回答了這兩個問題，但卻沒有一個人的回答令他感到滿意。

這時有人對國王說，在很遠的山裡住著一位老人，這位老人非常有智慧，或許老人能夠回答出令國王滿意的答案。

國王裝扮成了一個農民去到那個智慧老人居住的地方。他來到智慧老人住的簡陋的小屋前，發現老人盤腿坐在地上，正在挖著什麼。「聽說你是個很有智慧的人，能回答所有問題，」國王說，「你能告訴我，我一生中最重要的人是誰？我一生中最重要的時光是什麼時候嗎？」

老人說道：「你先幫我挖一些馬鈴薯，然後把它們拿到河邊去洗乾淨。我燒點水，你一會可以和我一起喝點湯。」

國王很爽快的答應了，並照著老人的吩咐去做了，因為他以為這是老人對他的考驗。他和老人一起待了幾天，希望從老人那裡獲得答案，但老人卻沒有回答他的問題。

最後，國王非常的氣憤，因為他覺得自己和這個人一起浪費了好幾天的時間。他拿出了玉璽，表明了自己國王的身分，並說老人是一個大騙子。

老人對國王說：「在我們第一天相遇的時候，我就已經回答了你的問題，但你卻不明白我的意思。」

國王急忙問：「那你的意思到底是什麼呢？」

老人說道：「你來的時候我向你表示歡迎，讓你住在我家裡。」老人接著說：「你要知道過去的已經成為了歷史，將來的還沒有到來。你生命中最重要的時刻就是現在，你生命中最重要的人就是現在和你待在一起的人，因為正是現在和你一起的人在同你一起分享和體驗著生活」

還有一則故事：有一個農夫，他擁有一塊土地，日子過得也不錯。但是，有一天他聽說要是有塊土地的底下埋著鑽石的話，他就會變得非常的富有。於是，農夫把自己的地賣了，四處去尋找可以發現鑽石的地方。他走遍了異國他鄉，卻始終沒有發現鑽石，最後將以前的家當都花完了，變得一貧如洗。有一天晚上，他在一座山上跳崖身亡。

有句話叫做：「無巧不成書。」那個買下這個農夫土地的人，有一天在地裡散步，在無意中發現了一塊非常與眾不同的石頭，他撿起來一看，這塊石頭晶光閃閃，光芒四射。他將這塊石頭拿到鑒定行進行鑒定，這才發現這塊石頭竟是一塊鑽石，就在農夫賣掉的那塊土地裡，新主人發現了最大的寶藏。

● 微心靈諮商

人的一生總是在不停的尋覓。尋找功蓋千秋的成功，尋找永恆不變的幸福，很多人為此終日勞苦。也許到了病危將死的時候，也不能找到自己想要的東西。因為要找的東西很有可能早已擦肩而過了。

財富不是奔走四方去發現的，財富屬於依靠自己去奮鬥的人，屬於那些自己去挖掘的人，屬於那些相信自己能力的人。你的潛力和能力就是你的鑽石寶藏。你身上的這些鑽石足以使你的理想變成現實。你必須做到的，只是更好對其進行開發，並為了實現自己的理想不斷付出努力。

珍惜現在比期望未來更重要，生活給予我們的很多，但大多數人卻不懂得珍惜。鑽石其實就在你的身邊，你需要一雙慧眼去發現身邊的鑽石。

6 拿得起，放得下

小明的一位朋友給他寫了一封信，他說他正遭遇一件令他非常傷心的戀愛。他的那封信寫得十分頹喪，而且充滿著怨怒和激憤之情。他曾想用暴力解決這件事，使那背棄他的愛人及情敵受到懲罰。但是，他最後沒有這樣做，因為即使在他極度悲憤的情緒之中，他仍然還是很清醒的，他認為那樣一點也不划算。

正是這句話拯救了他，因為他自己的人格尊嚴和他所受的教育告訴他，什麼是值得的，什麼又是不值得的。於是這位朋友找了一本可以令他稍微得到一點寬解的書，然後到外出做了一次短時間的旅行。最近他又給小明寄來一封信，他在信中告訴小明，他的心情已經恢復了平靜。

情感上的傷痛是需要自己用智慧去醫治的，而醫治這種傷痛的對症之藥就是先建立起自己的自尊和自信，然後用最大的努力去把那些煩擾自己情感的記憶從自己的心裡剔除掉。

確實有些事情說起來容易做起來難。但是，有一句非常富有哲理的話，我們應該牢牢記在心裡：「並非你不能忘記，而是你不想忘記。」這句話對那些明知往事如煙，不堪回首卻偏偏要去回首，從而導致自身的創傷無法平復的人，是一句清晰透徹的提示。

● 微心靈諮商

如果你常常放任自己去追念或徒勞無功的去痛悼和惋惜那已經逝去的美好，就只能使留下的傷口不能夠癒合。但假如你明白你之所以念念不忘，是因為你不想忘記，是因為你下意識的享受那點痛苦，那只能說你是咎由自取。當你決心離開這裡，走向更遼闊的天地之後，你將不必再害怕回顧，因為那時，你那些不幸的遭遇早已被你遠遠的拋在了身後。

7 打開心靈之門

曾經有一位老畫家，他在退休之後，不管他的兒女們怎麼勸說，就是不肯接受兒女們的勸阻留在城裡，最後這位老畫家毅然返回老家那個寂靜的小山村裡居住。

有一次，他的朋友去拜訪他。當他的朋友把這個疑問帶給他時，老畫家對他的朋友僅僅是坦然一笑，然後，他轉身將屋裡的一扇後窗打開，指著外面的曠野對他的朋友說：「你看外面的景色多美呀！」他的朋友朝著他手指的地方放眼望去，學會欣賞它們——陽光下，金色的麥田就好像泛著黃色漣漪的海洋；棉花糖般的雲朵在湛藍的天空上徐徐飄動；婉麗的鳥鳴和蟲吟從樹林和草叢裡飄過來；遠處那連綿起伏的山巒，則像一條綠色的飄帶，環繞著整個曠野……

每天從早到晚，他都會深深陶醉在這些景色微妙的變化之中。他意味深長告訴他的朋友說：「這種變化真得就好像是一本慢慢打開的書頁，在悄無聲息的向我們展示著生命的歷程。」

一處樸實無華的景物使得他思如泉湧，然而在此之前，他的朋友卻一直認為這些東西都是索然無味的。他的朋友在心中默默品味著他剛才的話語，漸漸的感到了自身的膚淺。驀然，他的朋友明白了為什麼在他的畫筆之下，會有那麼多美麗的色彩。

在我們的人生路上，很多人都往往刻意去追求那些華麗而虛無的景致，而忽視了身邊那些真正帶給我們生活氣息、希望和靈感的景色。

我們不應該再犯如此的錯誤了。當我們心情浮躁的時候，就請敞開一扇心靈的窗戶，去欣賞身邊那些平實而淳樸的風景，它們才是我們生活中的最美！

● **微心靈諮商**

我們的心靈是需要打開了，只有打開自己的心靈，人們才能了解你，知道你的想法，從而能夠幫助你，別人的幫助非常有利於一個人的成功，所以我們不能不重視。

8 簡單也是一種快樂

龜兔賽跑這是一個家喻戶曉的故事。兔子為了盡快到達終點，一開始就拼命往前跑，想著如何才能把烏龜甩得遠遠的。明明是自己累了，兔子不得不停下來歇歇，但是為了面子，牠偏要找一些理由，可是兔子一停下來休息卻因為過度疲倦，最後睡得死死的。烏龜穩穩當當的慢慢走著，最終超過了兔子，到達了終點。

有些人，其實也和兔子一樣，為了達到目的，從起點開始，就拼命趕路。由於過於匆忙急切，無暇顧及沿途的風光。最後，自己還沒有到達終點，就透支了精神和生命。即使他有幸到達了終點，卻也沒有時間好好的欣賞身旁的景致。

當這些人每每回頭，看看自己走過的路，無不深深歎息：人生苦短，快樂不多了。

有些人，在人生道路上，不急不疾的行走，信心堅定，意志堅強，淡化目的的誘惑。沿途的景色看了個夠，一路享受著不盡的快樂，輕鬆愉悅的走到目的地。生活中的快樂，其實並不是在你每一次的目標和終點，而是在你一路走過來的途中。輕輕鬆鬆的走，簡簡單單的想，簡單的生活中，就有著很多的快樂。

還有這樣一個故事。有一位老農，每天種地，剛好夠他的生活開支。他沒事的時候，就躺在草坪的竹椅上晒太陽，看遊雲，聽鳥叫，悠閒而自在。有個商人對他說：「你可以擴大耕種面積，請人來做事，賺更多的錢，再做做別的生意。」「然後呢？」老農問商人。「然後，你就可以在這裡建立一個豪華的別墅，就可以每天在別墅的院子裡，晒太陽，看遊雲，聽鳥叫了。」「我現在不也正在晒太陽，看遊雲，聽鳥鳴嗎？」老農回答說，「重要的是，等我做了那麼多的事，賺到了更多的錢的時候，也許，我已經沒有時間晒太陽，看遊雲，聽鳥叫了。」

如果，你僅僅認為這只是一個故事，那你就錯了。我們從另一個角度去理解這老農話裡的深意，就不難看出生活的真諦。

人的生命是短暫的，不可能把所有的問題都解決了。在生活中，很多事情的原委，其實都是很簡單的。比如說，在某些關鍵的場合，有些人，會在乎別人的眼光，哪怕只是一個無意的笑，或者一句無意的話，有時，甚至只是一個無意的臉部表情，都會左猜右想的去揣摩。

其實，生活中，那有那麼多複雜的事情啊。很多時候，只要奉行簡單的行事方式，很多看似複雜的問題，就會迎刃而解。當你啞然失笑過後，你就會變得恍然大悟，簡單的生活，也是一種快樂。

● 微心靈諮商

有的時候是我們自己把原本簡單的事情弄複雜了，最後自己把自己弄得心身疲憊不堪，其實有的時候，我們不妨像小孩子一樣，把問題想的簡單一點，這樣你才能覺得自己的生活更輕鬆，更幸福。

9　不必去羨慕他人

在很久以前，在河的兩岸分別住著一個和尚與一個農夫。

和尚每天都看著農夫日出而作，日落而息，生活看起來過得非常充實，令他非常的羨慕。而農夫每天也在對岸看著和尚，他看見和尚每天都無憂無慮的誦經敲鐘，生活看起來也是十分的輕鬆，令農夫非常嚮往。所以，在他們的心中就產生了一個相同的念頭：「真想到對岸去，好想開始一個新生活！」

有一天，和尚和農夫碰巧見面了，兩人商談了一番，並達成交換身分的協議，農夫變成了和尚，而和尚則變成了農夫。

當農夫來到和尚的生活環境以後，這才發現和尚的日子一點也不好過，那種敲鐘誦經的工作看起來很是悠閒，但是事實上卻非常的繁瑣，每個步驟都不能出現任何錯誤，更重要的是，僧侶刻板單調的生活非常枯燥乏味，雖然悠閒，但是他卻不能很快的適應。

於是，成為和尚的農夫，每天敲鐘誦經以後就坐在岸邊上，羨慕的看著在彼岸快樂工作的其他農夫。

而做了農夫的和尚呢，他重返塵世後，覺得自己的痛苦比農夫還要多，面對俗世的煩憂辛苦與困惑，他非常懷念當和尚的日子。

因而他也和農夫一樣，每天坐在岸邊，羨慕的看著對岸步履緩慢的其他和尚，並靜靜的聆聽彼岸傳來的誦經聲。這時，他們的心中，同時又響起了另一個聲音：「回去吧！那裡才是真正適合我們的生活！」

每個人都有自己必經的歷程，其中的辛苦與快樂只有自己能夠感受到，努力去面對好自己的人生，喜歡上天為自己安排的一切，感受人生快樂人生！

● 微心靈諮商

很多人都有這樣的毛病，就是喜歡去羨慕別人，看到別人覺得什麼都是好的，而往往看不到自己的一點優點。但是當他們去做了自己所羨慕別人的工作以後，又會發現本來的自己才是最適合自己的，其實我們要學會認識自己，找到自己優勢，借助優勢，走向成功。

10 讓自己變的果斷

《論語．子路》裡有這樣一句話：「言必信，行必果。」意思是，說話一定要守信用，做事一定要果斷，而去做每件事必須要說到做到，果斷行事。

什麼是果斷，這是一個人善於明辨是非，迅速估計情況，適時的做出並執行決定的能力。與果斷相反的則是武斷。那些斷性的人一般就是懶於思考而輕易做出決定，很少自己進行思考。這樣的人雖然也能夠迅速的做出決定，但是往往不考慮一些客觀條件，甚至根本不考慮做出決定會帶來怎麼樣的後果，做出的決定是虛妄的、主觀的。所以，我們無論做什麼事都要果斷行事。

王安博士是一位著名的華裔電腦人，在他五歲的時候，發生了一件影響他一生的事情。

有一天，他去外面玩樂，在經過一棵大樹的時候，突然從樹上掉下了一個鳥巢正好砸在他的頭上，從裡面滾出了一隻嗷嗷待哺的小麻雀。小孩的心是善良的，於是，他決定把牠帶回去餵養，便連同鳥巢一起帶回了家。

走到家門口，他忽然想起媽媽是不允許在家裡養小動物的。於是他輕輕的把小麻雀放在門口，趕緊進屋去請求媽媽，在他的苦苦哀求下，媽媽終於答應了兒子。可是就當王安興奮跑到門口，卻發現小麻雀居然不見了，而這時一隻黑貓在意猶未盡的擦拭著嘴巴。

王安為此傷心了很久。

從此，他就牢牢的記住了一個很大的教訓：只要是自己認定的事情，絕不可優柔寡斷。猶豫不決雖然可以讓我們避免做一些錯誤的事情，但是也可能因此而失去成功的機會。

也就是因為他記住了這個教訓，所以王安在人生的道路上成就了一番大事業，成為了華裔電腦界的名人……

當我們面對錯綜複雜的事物，人首先是需要冷靜的；而當我們身處千鈞一髮的關頭，人首先是要果斷的。被人誤解、嫉妒、猜疑的時候，我們更需要冷靜；朋友遇到困難、傷感、頹廢的時候，我們則要果斷。得意、順利、富足、榮耀時，人需要冷靜；失意、挫折、窮困、低迷時，人要果斷。面對金錢、美色、物欲的誘惑時，人需要冷靜；面臨理想、前途、命運的抉擇時，人要果斷。

● 微心靈諮商

一個人無論扮演何種角色，冷靜是第一要素，如果不冷靜，就會犯大錯誤。猶豫是勝利的敵人。在做一件事之前，天時、地利、人和，固然很重要，但切記不要猶豫。果斷是建立在冷靜的基礎之上的，沒有冷靜，果斷就變成了盲目。所以不管面對什麼事情，都要養成冷靜、果斷的好習慣。

11 學會變壓力為動力

俗話說得好：「井無壓力不出油，人無壓力輕飄飄。」要想做出點成就，就是要有壓力。有時，壓力就好像是泰山壓頂。但是會做事的人總是把壓力化成動力。對於一個成功的人來說，壓力越大，動力也就越大。

有一天某個農夫的一頭驢子，不小心掉進一口枯井裡，農夫絞盡腦汁想辦法救出驢子，但幾個小時過去了，驢子還是在井裡痛苦的哀嚎著。

最後，這位農夫決定放棄。於是他便請來左鄰右舍幫忙一起將井中的驢子埋了，以免除牠的痛苦。

農夫的鄰居們人手一把鏟子，開始將泥土鏟進枯井中。當這頭驢子了解到自己的處境時，剛開始哭得很淒慘。但出人意料的是，一會兒之後這頭驢子就安靜下來了。農夫好奇探頭往井底一看，出現在眼前的景象令他大吃一驚：

當鏟進井裡的泥土落在驢子的背部時，驢子的反應真得是令人稱奇，牠將泥土抖落在一旁，然後站到鏟進的泥土堆上面！

就這樣，驢子將大家鏟在牠身上的泥土全數抖落在井底，然後再站上去。很快的，這隻驢子便上升到了井口，然後在眾人驚訝的表情中快步的跑開了！

正如驢子的情況，在生命的旅程中，有時候我們難免會陷入「枯井」裡，會被各式各樣的「泥沙」傾倒在我們身上，而想要從這些「枯井」脫困的祕訣就是將「泥沙」抖落掉，然後站到上面去！

● 微心靈諮商

有的時候我們應該學會把壓力轉化為動力，只有這樣我們才能夠不斷進步，才能夠越挫越勇。如果有一點壓力我們就開始恐慌，自暴自棄，那麼我們永遠都不會有成功的那一天。

第九章　創造機會，成功離不開創造

1　要做抓住機會的聰明人

法國著名的侏儒鋼琴家貝楚齊亞尼，一九六二年出生於法國南部的一個小鎮。在他七歲那年，他得了一種「成骨發育不全」的軟骨病，這改變了他的一生。一直到他成年，他的身高都只有一百一十公分，手腳無力，生活不能自理，就像是一個廢人。

在他十三歲那年，他的父親發現他對音樂非常感興趣，就讓他參加了一個劇團，跟隨劇團演出。當時正趕上劇團需要一個像他這樣的丑角兼配角。劇團裡有位小號演奏家布魯內，在跟他合作幾次之後，發現他在鋼琴彈奏方面有著特殊的悟性，就把他推薦給打擊樂演奏家洛馬諾重點培養。在兩位音樂家的培養之下，在他十五歲那年，推出了他的第一張個人專輯，人們不敢相信，如此優美的旋律竟然是出自一個殘疾人之手，這讓他在法國音樂界產生了不小的轟動。

由於音樂的陶醉，讓他忘記了身體的痛苦和不便。他的鋼琴越彈越好，名氣越來越大，從一九八七年開始，在今後不到十年的時間裡，他的足跡遍及巴黎、倫敦、紐約、東京、米蘭等多個著名的音樂城市，成為了一名世界級的鋼琴大師。

有人問起貝楚齊亞尼讓他取得成功的祕訣是什麼，他說：「我是一個不幸的人，但幸運的是，我把握了命運的第二次機會。」

「第二次機會」是什麼呢？貝楚齊亞尼給出了這樣的解釋：「觀眾們第一次來看我表演，是出於對我外表的好奇。如果我不能用音樂征服他們，那麼他們就不會再來看我的演出了。要讓他們記住我，就只能靠音樂，靠與眾不同的音樂，這樣我才能夠得到改變我命運的第二次機會。」

貝楚齊亞尼為了把握好這個「第二次機會」，他付出了常人想像不到的努力。他每天都要拖著殘疾的身體，在鋼琴旁一坐就是八個多小時。他的左手嚴重變形，聽力、視力也不健全，行動極為不便。即使在這樣的情況下，他仍是幾十年如一日的堅持練習。在他成名之後，他每年的演出超過了一百八十場，然而他從未間斷過每天八小時的練琴習慣，直到鋼琴琴鍵將他的手指折斷，導致他再也無法彈琴為止。

貝楚齊亞尼只活到三十六歲，但是他的精神和毅力讓他把握住了命運的「第二次機會」，使他成為了世界音樂史上的一座不朽豐碑。

● 微心靈諮商

在我們的一生中，會遇到各種各樣的機會，可是聰明的人能夠把握住機會，而愚笨的人只能看著機會從自己的手中滑走，甚至還不知道。機會不會讓你白白的抓住，你要用力，這就是你的付出，只有付出了，你才能得到回報。

2 機會是很樸素的東西

在以前有一個小夥子到都市打工，憑著一身力氣，找到一份送牛奶的工作。很快，他靠自己的努力，成立了自己的送牛奶公司。由於他誠實守信，服務優質，經過幾年的打拼，他的公司很快發展到有二十萬個家庭訂戶的規模。

有一次，他與一位做廣告的朋友談話時突然想到，現有公司有二十萬個家庭訂戶，這不就是一個龐大的網路嗎？這張網路只用於送牛奶簡直是太浪費，為什麼不透過這張網，在送牛奶的同時進行廣告投遞呢？於是，他又成立廣告傳播公司。公司廣告傳播人員，由送牛奶員兼任。

初戰告捷後，他決定以送牛奶網路為載體，兼營更多的業務。隨後，他開始與一些商場進行合作，進行電子商務的配送，還創辦了廣告雜誌，新業務都依託於公司這張網鋪開，其利潤遠遠高於送牛奶的利潤。

就這樣，訂牛奶客戶很快發展到三十萬戶，員工從最初的三個人，發展到目前的兩千八百人，資產由最初的兩千元暴增到現在的一億五千萬元。

● 微心靈諮商

機會對於任何人來講都是公平的，它在我們身邊的時候，並沒有打扮的花枝招展，而是普普通通的，甚至是根本不起眼的。看起來耀眼的機會其實不是機會，是陷阱；真正的機會最初都是樸素的，只有經過主動與勤奮，它才變得格外絢爛。

3　只要不絕望，就會有機會

在一片一望無垠的大沙漠中，有一支探險隊正身負重荷的在其中艱難跋涉。太陽像火一樣烘烤著滿地的黃沙，狂風肆虐，風沙狂舞。這支探險隊有了一個非常大的麻煩，那就是他們的水都已經喝乾了，他們斷了水。

在這生死關頭，探險隊長從腰間拿出了一個壺水，向隊員們說道：「這裡還有一壺水，但在穿越沙漠之前誰都不能喝。」那壺水依次從探險隊員手裡傳過，沉沉的。在每個隊員絕望的臉上都彌漫開了一種充滿生機的喜悅。

最後，隊員們頑強的穿越了茫茫沙漠，一步步的走出了死亡線，在他們喜極而泣的時候，忽然想起了曾給了他們全部希望的那壺水。他們將壺蓋擰開，不僅沒有清水從水壺中流出，倒是有一些沙子從水壺裡流了出來，隊員們都感到非常的驚訝，每個人都陷入了沉思。

在沙漠裡，只要你心裡駐紮著擁有清泉的信念，那麼乾枯的沙子也可以變為清水。只要你擁有信念，你就能夠絕處逢生、化險為夷。但換句話說，如果一個人失去了信念，就可能會變得一蹶不振，從而葬送了自己的前程。

每個人都有自己的夢想，而且每個人都有自己要走的路，能在逆境中磨練自己，就能從曠野中找到自己的路。生活即使是蜿蜒在山中的小徑，坎坷不平，但我們同樣不能忘了趕路！再長的路都會有盡頭，千萬不要回頭；再快樂的心都有煩惱，千萬不要在意。或許我們沒有採到春天裡的一朵花，可是整個春天都還是屬於我們的。我們一定要相信，困難擋不住勇敢者的腳步，野草遮不住太陽的光芒，只要我們足夠堅強，那麼我們就一定能夠取得成功。

● **微心靈諮商**

我們需要一個目標，一個夢想，目標和夢想能夠成為我們前進道路上的營養劑，帶給我們力量，讓我們能夠朝著自己心中的目標和夢想不斷前進。當然，我們必須具備堅強的品格，只有這樣，我們才有朝著目標不顧一切前進的勇氣。

4 放棄也是一種機會

有一家知名的跨國公司正在招聘電腦網管，一位父親聽說後將這一則消息告訴給了兒子。這是一家非常有發展潛力的公司，被錄用後薪水也是非常豐厚的。孩子當然是很想應徵的。可在職校培訓都快結束了，要是真的被聘用了，一年的培訓就算夭折了，連結業證書都拿不上，孩子開始猶豫起來。父親笑了笑，說要和孩子做個遊戲。他把剛買來的兩個大西瓜放在孩子面前。讓他先抱起一個，然後，要他再抱起另一個。孩子瞪大了眼睛，一籌莫展。一個已經夠沉的了，兩個根本就沒有辦法抱住。父親追問道：「你如何才能把第二個抱住呢？」孩子呆呆的愣在那裡，怎麼也想不出來。父親歎了口氣：「哎，你不能把手上的那個放下來嗎？」孩子一下子緩過了神，是呀，放下一個，不就能抱起另一個了嗎？父親接著說：「這兩個總得放棄一個，才能獲得另一個，就看你自己怎麼選擇了。」孩子頓時覺悟了，最終放棄了培訓而選擇了應聘，後來他成為了那家跨國公司的一名電腦網管。

前幾天，有幾個同學聚會，都說現在經商的人是越來越多。有一位在某事業公司任職的同學說：「自己也想經商，這樣可以多點賺錢的機會，但是又有點捨不得。」畢竟工作也是蠻穩當的，為此總是猶豫不決。他的一位同事倒是辭職經商了，而且做得不錯，很是讓人羨慕。那個同事對他說，「你不願放棄，卻又想獲得，天底下哪有這麼好的事。」他覺得同事說得很有道理，但仍然還是舉棋不定。

席間，他們又提到了班上那位最漂亮、最有氣質的女孩。知情者說，她的追求者眾多，令她眼花繚亂。心眼也活，今天見這個好，明天見那個也不錯，總是想選一個各方面都稱心如意的。這也是一種很好的想法，但是男人也是人，最終愛情在她身邊飄然而逝。其實，她倒碰上過一個真正愛她、呵護她，甚至寧願為她作出犧牲的男孩。這個男孩比較傳統，也很實在，而且很有男子漢氣概。女孩曾經視他為第一候選人的，相處的時間也很長。但是同時，女孩也在和其他男孩約會，倒沒有什麼出格的事，只是想再多一點機會，再好好選擇一下。

男孩雖然很愛她，但是難以忍受這樣的折磨。等到女孩有所醒悟的時候，男孩已經在國外娶妻生子了，女孩非常後悔。這可能是因為上天給予了她太多太多，卻讓她失去了對她來說最為寶貴的東西。

● 微心靈諮商

當我們想要做一件事情的時候，就要踏踏實實，專心致志的去做，切不可三心二意，這樣做事情是永遠都不可能成功的。在世間，誘惑我們的東西太多了，我們一定要有理性的思考，不然最後我們永遠都會迷失方向。

5 要抓住萬分之一的機會

約翰·甘布斯是美國丹維爾地方百貨業的鉅子，他認為機遇無處不在，有時這種機遇可能只存在萬分之一的可能性，但是畢竟它存在著。只要有鍥而不捨的精神和毅力去進行爭取，就一定能夠有所收穫。「不放棄任何一個哪怕只有萬分之一可能的機會。」這是他一生中最喜歡的一句話。

在一年耶誕節的前夕，甘布斯要搭車去紐約，但是在事先沒有買好車票，因為到紐約去度假的人很多，所以很難買到火車票。

甘布斯夫人打電話到火車站，向那裡的服務員詢問是否可以買到這一次的車票？而車站的回答是：全部車票都已經售光了。甘布斯夫人非常的沮喪，並如實向甘布斯轉述了情況。她認為今天一定是走不了了，要想走只能等下一次的火車了。

這個時節，車票早早被搶購一空是很正常的，所以車站的答覆是車票賣完了。但是車站強調了一點，說如果有急事一定要走的話，可以到車站來碰碰運氣，看看是否有人臨時退票，不過這個可能性非常的小。

有人退票是有可能的，但這種機會微乎其微，也許只有萬分之一的機會。但是甘布斯就像是買到了火車票一樣，欣然提著行李，匆匆忙忙的向火車站走去。

夫人很關心的問：「甘布斯，如果你到了車站還是買不到票怎麼辦？」

「不是說有退票的可能嗎？雖然這種可能性很小，或許只有萬分之一，但我就是想去抓住這萬分之一的機會，祝我好運吧。」甘布斯回答道。說完，甘布斯戴上帽子，冒著風雪朝車站走去。甘布斯到了車站，等了許久，仍然沒有出現退票的人，乘客們都川流不息的向月台湧去。但甘布斯還是耐心的等著，沒有像其他人一樣著急走了。

離開車還有五分鐘的時候，有一個女人急匆匆跑來。由於她的家裡臨時出了一點事情，所以今天不能坐車去紐約了，只能改坐第二天的火車，而不得不將今天的票退掉。

於是甘布斯買下了那張車票，搭上了去紐約的火車。

他按時到達了紐約，在將一切都安排妥當之後，就急忙給妻子打了一個電話，在電話裡對妻子說道：「親愛的，現在我已經躺在紐約的酒店中舒適的床上。我抓住了你所認為的只有萬分之一的機會。」

事後有一個年輕人問到這次緊急出行的事情，甘布斯說：「年輕的朋友，你們應該重視萬分之一的機會，因為它將給你帶來意想不到的成功。即使你們認為過於微小的機會，就和不可能差不多，這和中彩券的機率一樣微乎其微；但是這萬分之一的機會，你完全可以透過自己的主觀努力把握，這次機會，將它付諸實際行動中，這才是年輕人走向成功的明智選擇。」

● 微心靈諮商

機會對每個人來說都是公平的，它將決定你事業的偉大大於平庸，要抓住每一個機會，哪怕機會實現的可能性只有萬分之一，只要你能夠抓住他，就說明你的成功已經邁向了一個新的台階。再加上你敢勇於嘗試、堅忍不拔的精神和毅力，你就能夠取得輝煌的成就。

6 學會創造機會

美國銀行家莫爾，經營金融業非常成功，成為了一位金融業的巨頭，在西元一八八八年曾當選美國副總統，但是知道他身分的人，都知道副總統本人原先只是一個小布匹商人。

從一個小商人到副總統，最後是金融銀行家，為什麼莫爾能夠發展這麼快，這裡面有什麼特別的不為外人所知道的奧祕呢？其實答案只有一個，那就是要創造機會，而且是創造更適合自己發展的機會。

讓我們來看看莫爾的成長經歷。他自己曾經經營過珠寶首飾業，但是由於資金周轉慢，便毅然轉向能迅速見效益的布匹服裝生意，並且生意非常好。就在這時候，他突然放棄布匹生意轉向了金融業，最終以此而發家，後來又步入政壇。到底是什麼促使莫爾放棄這麼好的生意呢？

在別人的一再請求下，莫爾說：「我的布匹生意做得很成功。但是我透過研究社會發展的動向，認為金融業的地位更加重要，當然也更有發展的前途。而我更堅信自己有一種創造機會的才能和特長，不管自己身在何處，處於哪個角落，我都能利用創造的機會走向事業的輝煌。」

莫爾的這段話讓每個人都怦然心動，他正是能創造機會才開始經營銀行業的，並且經營的十分成功，最終成為了金融巨頭。

再來看看偉大的平民總統是怎樣一步步登上總統寶座的。他出生在曠野中一所簡陋的木製房子中，沒有門窗；遠離學校、教堂；沒有報紙、書籍、金錢；沒有平常生活的享受，甚至沒有日常生活中所需要的物品。他每天必須步行九公里，才能進入一個由孤零零的木造房子搭建起來的簡陋學校去讀書；他不得不在荒野中跋涉五十公里，才能借到幾本書籍，並在白天辛勤工作後到了晚上還借著木柴的火焰之光去閱讀；他在學校裡接受了不到一年的教育，就不得不休學去工作。然而正是在這樣冷酷的環境下，造就了美國最偉大的總統；正是這種逆境，磨練出這位世界偉人的人格！

再也沒有一件事比在困境中創造出機會，並且能最終達到成功讓人感到神奇了。他告訴我們應該如何與困難、痛苦作鬥爭，怎樣去克服困難與險阻，最終到達勝利的彼岸；他還告訴了我們如何在自己普通的職位上，去創造更多的機會，憑著堅強的意志，把平凡變成神奇，成就大事業的偉大力量。

機遇不僅是上蒼的恩賜，它更是創造主體主動爭取來的，主動創造出來的：

在主動進取的人面前，機會完全是可以「創造」的。培根曾經說過：「智者所創造的機會，要比他所能找到的多：只是消極等待機會，這是一種僥倖的心理。正如櫻花樹那樣，雖在靜靜的等待著春天的到來，而它卻無時無刻不在養精蓄銳。」人在等待機會到來的時候，不能放鬆蓄銳養神的累積功夫，而且要時時窺測方位，審時度勢，見縫插針，從而尋求有利於自身發展的機會。

把握住機遇，是一個逐步進行優勢和累積的過程：從不少成功者的經歷來看，他們都是創造機遇並充分利用機遇的聰明人。一開始，他們一方面勤奮的、精心的累積，另一方面在尋覓機遇。當他們有一定程度的知識、能力功底的時候，機遇會不期而至：當他們利用實力和機遇取得一些成績後，又會遇到質和量更高、更有利於自身發展的新機遇。

而在這個世界上最需要的，正是那些能夠製造機遇的人。

● 微心靈諮商

唯一能創造良機的，只有你自己：有了這種認識，才能由被動的尋找變成主動的創造，由被動的接收變成主動的擁有。依賴別人及推卸責任是庸俗和無知的表現：什麼都不去做，只想依靠別人，根本沒有改變的希望：人生的一切變化，都是緣於自己的創造。

7 該出手時就出手

居禮夫人說：「弱者等待時機，強者創造時機。」這真是一句至理名言。《臺北民族晚報》上，有一次記述林語堂博士當年的一段故事說：

「有一天，一位先生宴請美國著名作家賽珍珠女士，林語堂先生也在被請之列，於是他就請求主人把他的席次排在賽珍珠之旁。席間，賽珍珠知道座上多作家，就說：『各位何不以新作供美國出版界印行？本人願為介紹。』座上人當時都以為這是一種普通敷衍的說詞而已，未予注意；獨林博士當場一口答應，歸而以兩日之力，搜集其發表於英文小品成一巨冊，而送之賽珍珠。賽珍珠因此對林博士印象至佳，其後乃以全力助其成功。故在事後，如他們也像林博士這樣認真，而也能即日以作品送給賽珍珠，則今日成功的人可能就不是林博士了。

由這段故事看來，一個人能否成功，固然要靠天生的才能，要靠努力，但善於創造時機，及時把握時機，不因循、不觀望、不退縮、不猶豫，想到就做，有嘗試的勇氣，有實踐的決心，多少因素加起來才可以造就一個人的成功。

所以，儘管說，有人的成功在於一個很偶然的機會，但認真想來，這偶然機會能被發現，被抓住，而且被充分利用，卻又絕不是偶然的。

機會是在紛紜世事之中的許多複雜因數，在運行之間偶然湊成的一個有利於你的空隙。這個空隙稍縱即逝，所以，要把握時機確實需要眼明手快的去「捕捉」，而不能坐在那裡等待或因循拖延。

西方諺語說：「機會不會再度來叩你的門。」這並非說它架子大，而是它也被操縱推擠在萬事萬物之間，身不由己。

因循等待是人們失敗的最大原因，所以說：「弱者等待時機，強者創造時機」；所謂「創造時機」，不過是在萬千因數運行之間，努力加上自己的這萬千分之一的力量，希望把「機會」的運行造成有利於自己的一剎那而已。林語堂博士的故事，可以說是一個最好的證明。

● 微心靈諮商

徘徊觀望是我們成功的大敵。許多人都因為對已經來到面前的機會沒有信心，而在一猶豫之間，把它輕輕放過了。「機會難再來」，這話是對的，因為即使它肯再來，光臨你的門前，但假如你仍沒有改掉你那徘徊瞻顧的毛病的話，它還是照樣要溜走的。

8 水到渠自成

有一個常常失意的年輕人慕名來到普濟寺尋找老僧釋圓，沮喪的對他說：「人生總不如意，總是苟且的活著，這樣太沒意思了。」釋圓靜靜的聽著年輕人的嘮叨和歎息，聽完之後才吩咐小和尚說：「施主遠道而來，燒一壺溫水送過來。」

過了一會，小和尚將一壺溫水送了過來，釋圓抓了茶葉放進杯子然後用溫水沏茶，放在茶几上，微笑著對年輕人說：「施主請喝茶。」杯子冒出微微的水汽，茶葉靜靜的浮在水面上。年輕人不解詢問：「貴寺怎麼用溫水沏茶呢？」釋圓笑而不答。年輕人喝一口細品，不由搖搖頭：「一點茶香都沒有。」釋圓說：「這可是閩地名茶鐵觀音啊。」釋圓又吩咐小和尚：「再去燒一壺沸水送過來。」又過了一會兒，小和尚便提著一壺冒著濃濃白氣的沸水進來。釋圓起身，又取過一個杯子，放茶葉，倒沸水，再放在茶几上。年輕人看著茶杯，茶葉在杯子裡上下浮動，不時飄來陣陣清香。

年輕人伸手去拿茶杯，卻被釋圓擋住了，又提起壺向杯子裡注了一些沸水。這時，被子裡的茶葉翻騰得更厲害了，一縷更醇厚、更醉人的茶香嫋嫋升騰，在禪房彌漫開來。釋圓這樣注了五次水，杯子終於滿了，那綠綠的一杯茶水，端在手上清香撲鼻。

釋圓笑著問：「施主你是否知道，同是鐵觀音，為什麼茶味卻迥然不同。」年輕人回答道：「因為用的水不同的緣故。」釋圓點點頭說：「用水不同，則茶葉的沉浮就不一樣。溫水沏茶，茶葉輕浮水上，怎麼散發清香？沸水沏茶，反覆幾次，茶葉沉沉浮浮，終釋放出四季的風韻：既有春的幽靜夏的熾熱，又有秋的豐盈和冬的清冽。世間芸芸眾生，和沏茶的道理是一樣的。也就相當於沏茶的水溫還不夠，想要沏出散發誘人香味的茶水不可能；你自己的功力不足，要想處處得力、事事順心自然很難。只有苦練基本功，將自己的能力提高，才能夠擺脫失意的困擾。」

年輕人聽過釋圓所說的話後，頓時茅塞頓開，遇到不懂的問題時開始虛心向別人請教，不久就引起了老闆注意，開始重用他，最終成為了一名非常優秀的人才。

● 微心靈諮商

水溫夠了茶自香，功夫到了自然成。歷史上凡有建樹的人，往往都是很勤奮、很努力的人。任何一項技能的獲得，都是與勤奮和努力分不開的。

9 用演主角的態度去演配角

為了募捐活動能夠順利的進行，學校準備排練一部名叫「聖誕前夜」的話劇。告示一貼出，羅德尼的妹妹安傑便熱情萬丈的去報名當演員。定完角色那天，安傑卻顯得非常的鬱悶，無精打采的回到了家。

原來，「聖誕前夜」只有四個人物：父親、母親、兒子和女兒，還有一個角色是一條狗，而安傑分到的恰好就是這個角色。

安傑為了演好這個角色練得非常的投入，這讓羅德尼很是納悶，因為他認為一條狗沒有什麼可練的。可是安傑還為此專門買了一套護膝，說是這樣在舞台上爬的時候，膝蓋就不會痛了。安傑還告訴大家，她演的動物角色的名字叫「危險」。並很有信心的說自己一定能夠演得很好。

在演出將要開始的時候，羅德尼翻開節目單，從節目單上找到了妹妹的名字：安傑，飾演「危險」(狗)。偷偷環視四周，整個禮堂都坐滿了，其中有很多朋友，他趕緊往座椅裡縮了縮。因為他覺得有一個演狗的妹妹不是一件光彩的事情。還好，劇場裡的燈光很暗，話劇就這樣開始了。

第一個出場的是男主角「父親」，他在正中的搖椅上坐下。接著是「母親」上場，她面對觀眾坐下。然後是「女兒」和「兒子」，他們分別跪坐在父親兩側的地板上。正在一家人聊天的時候，安傑穿著一身狗道具手腳並用的爬進了場地。

羅德尼發現這不是簡單的爬，「危險」（安傑）蹦蹦跳跳，搖頭擺尾的跑進客廳，她先在小地毯上伸個懶腰，然後才在壁爐前安頓下來，開始呼呼大睡，一連串的動作，唯妙唯肖。

觀眾看到後，都不禁笑出了聲。

劇中的父親開始講聖經中的故事，他講道：「聖誕前夜，萬籟俱寂，就連老鼠……」「危險」突然從睡夢中驚醒，站起身來，機警的四下張望，那神情和真正的家犬沒什麼兩樣。

「父親」繼續講道：「突然，一聲輕響從屋頂傳來……」昏昏欲睡的「危險」又一次被驚醒，好像發現了什麼不對勁的地方，仰起頭看著屋頂，喉嚨裡不停的發出嗚嗚的低吼。安傑一定費了不少心思，演得太逼真了。很明顯，這時候的觀眾已不再注意主角們的對白，幾百雙眼睛全盯著安傑。安傑精湛幽默的表演一直持續著，台下的笑聲也一直沒有停止過。

那天晚上的演出，安傑所演的角色沒有一句台詞，卻成為了整場戲的焦點。其實，安傑在分到這個角色的時候非常的失望，但是爸爸的一句話讓他改變了自己的態度。那就話是：如果你用演主角的態度去演一隻配角狗，狗也會成為主角！

● 微心靈諮商

命運賜給我們不同的角色，如果我們只是不重要的小角色，與其怨天尤人，不如全力以赴。只要你毫不鬆懈的認真對待，再小的角色都有可能變成主角。

10 愛＋智慧＝奇蹟

一天夜裡，已經很晚了，一對老夫妻走進一家旅館，他們想要一個房間。前台侍者回答說：「對不起，我們旅館已經客滿了，一間空房也沒有剩下。」看著這對老人疲憊的神情，侍者又說：「但是，讓我來想想辦法……」

看到這裡，你希望下面有一個數學的繼續，還是願意得到一個文學的結局？但是不管怎樣，數學和文學都將在這裡分手了。

數學的故事是這樣的：這個好心的侍者開始為這對老人解決房間的問題。他叫醒旅館裡已經睡下的房客，請他們換一換地方：一號房的客人換到二號房間，二號房的客人換到三號房間……以此類推，直至每一位房客都從自己的房間搬到下一個房間。這時奇蹟出現了：一號房間竟然空了出來。侍者高興的將這對老年夫婦安排了進去。沒有增加房間，沒有減少客人，兩位老人來的時候所有的房間都住滿了客人——但是僅僅透過讓每一位客人挪到下一個房間，結果第一個房間就空了出來，這是為什麼呢？原來，兩位老人進的是數學上著名的希爾伯特旅館——它被認為是一個有著無數房間的旅館。

這個故事是偉大的數學家大衛．希爾伯特所講述，他藉此引出了數學上的「無窮大」的概念。這一概念對於這門學科來說是非常重要的，可以說如果沒有它，我們是很難想像數學將如何存在。只要會數數的人都知道，每一整數都有一個後繼者直至無窮，所以在希爾伯特旅館裡，每間房子後面都會有一間直至無窮。數學就是一門關於無窮大的科學。

好了，我們回到侍者說「讓我來想想辦法」的地方。文學的故事是這樣發展的：這個文學的侍者應該更富人性和愛心，他當然不忍心這麼晚了還讓這對老人出門另找住宿。而且在這樣一個小城，恐怕其他的旅館早已經關門了，這對疲憊不堪的老人難道要在深夜流落街頭？於是好心的侍者把這對老人引領到一個房間，說：「也許這間房不是最好的，但現在我只能做到這樣了。」老人見眼前其實是一間整潔又乾淨的屋子，就愉快的住了下來。

第二天，當兩位老人來到前台結帳時，侍者卻對他們說：「不用了，因為我只不過是把自己的屋子借給你們住了一晚——祝你們旅途愉快！」原來是這樣啊。侍者自己一晚沒睡，他就在前台值了一個通宵的夜班。兩位老人十分感動。老頭說：「孩子，你是我見到過的最好的旅館經營人，你會得到報答的。」侍者笑了笑，說這算不了什麼。他送老人出了門，轉身接著忙自己的事，把這件事情忘了個一乾二淨。

可是沒想到有一天，侍者接到了一封信函，打開看，裡面有一張去紐約的單程機票並有簡短附言，聘請他去做另一份工作。他搭飛機來到紐約，按信中所標明的路線來到一個地方，抬眼一看，一座金碧輝煌的大酒店聳立在他的眼前。原來，幾個月前的那個深夜，他接待的是一個有著億萬資產的富翁和他的妻子。富翁為這個侍者買下了一座大酒店，深信他會經營管理好這個大酒店。這就是全球赫赫有名的希爾頓飯店首任經理的傳奇故事。

事情都是從一個富有同情心、滿懷仁愛的侍者的智慧頭腦開始的：「讓我來想想辦法……」進入數學的領域，需要的一定是嚴密的邏輯，合理的推論及精確的求證；而當你來到文學的天地，憑藉的卻是美好的人性，動人的情節和意外而圓滿的結局。但你有沒有發現：不管是文學還是數學，結局都是很神奇的——愛加上智慧原來是能夠產生奇蹟的。

● **微心靈諮商**

無論何時，都要保留你天生的愛心，只有你真誠的愛才能發揮你全部的智慧，說明他人創造出奇蹟來。同時，這種奇蹟有一天也會發生在你身上。

11　機遇偏愛有準備的人

萊斯·布朗是美國當代最著名的作家和演講家，他出生在邁阿密的一個貧困社區，出生後不久就被幫廚女工梅米·布朗給收養了。

萊斯·布朗從小就活潑好動，嘴上總是說個不停，所以他在小學的時候被安排在一個專門為學習有障礙的學生開設的特教班學習，直到高中畢業。他畢業之後當了一名清潔人員，但他有一個夢想，那就是他要成為一個著名的音樂節目主持人。

每天晚上，他都把自己的影子當成聽眾，向這唯一的一名「聽眾」介紹唱片。透過薄薄的牆壁，他的母親和兄弟都能聽到他的聲音，於是，就會對他大吼大叫，讓他趕快睡覺。但是，萊斯·布朗根本就不理睬他們，他已經沉浸在自己的理想裡不能自拔，一心想實現自己的理想。

有一天他趁著休息的時候，來到了離家不遠的電台。他直接走進了經理的辦公室，對經理說他想成為一個音樂節目主持人。

經理看到他是一個其貌不揚的小夥子，便問道：「你有廣播方面的經歷嗎？」

「沒有，先生。」萊斯·布朗回答道。

「那我們這可能沒有適合你的工作。」經理說道。萊斯·布朗很有禮貌的向經理道了謝，然後離開了電台。經理以為他不會再來電視台了，但他錯了，他低估了萊斯·布朗對理想的投入程度。因此，無論電台經理怎麼說，他都要在這家電台找到一份工作。

萊斯·布朗在接下來的一週裡，每天都會到這家電台去，詢問電台是否有職位空缺。最後，電台經理終於讓步了，決定雇他跑跑腿，但沒有薪水。剛開始的時候，他的工作是為那些不能離開播音室的主持人們沖咖啡和準備午餐、晚餐。由於萊斯對工作的積極熱情，使他終於贏得了音樂節目主持人的信任，他們讓他開著他們的凱迪拉克車去接電台邀請來的一些名人。

在電台裡，無論人們讓他做什麼，他都不會推辭，甚至有時比其他人做得更多更好。整日和主持人們待在一起，他自學著他們的手在控制台上的動作。他總是盡量待在控制室裡，潛心學習，直到他們讓他離開。晚上回到家，他就全身心投入到練習之中，為他堅信一定會到來的機遇做好充足的準備。

在一個星期六的下午，萊斯．布朗還在電台裡，有一位叫羅克的主持人一邊播著音，一邊喝酒，而此時的大樓裡就只有他們兩個人。萊斯．布朗想：照這樣下去，羅克一定會喝醉的。萊斯．布朗密切的注意著，在羅克的演播室窗前走來走去，還不停的自言自語道：「喝吧，羅克，喝得越多越好！」

萊斯．布朗躍躍欲試，此時的他早已做好了充分的準備！如果此刻羅克讓他去買酒的話，他會衝到街上去給他買更多的酒。就在這時，電話鈴響了，他趕緊過去拿起了話筒電話是經理打來的。

「萊斯．布朗你好，我看羅克是不能把他的節目堅持到底了，你能打電話通知其他主持人，讓他們誰過來接替羅克嗎？」經理問。

「好的，先生，我一定會辦好的。」萊斯．布朗回答道。

萊斯·布朗確實打了電話，但卻並沒有打給其他主持人，而是打給了他的媽媽和他的女朋友。

「你們趕快打開收音機，因為，我就要開始播音了！」他說。

大約十五分鐘之後，他給經理打了個電話。「經理你好，我一個主持人也找不到，」他說。

「小夥子，你會操作演播室裡的控制鍵嗎？」克萊恩先生問道。

「我會，經理。」他答道。

和經理通完話，萊斯·布朗飛快跑進演播室，輕輕的把羅克移到了一邊，坐在了錄音轉播台前。他已經準備好了，並早就渴望這個機會來臨。他輕輕打開麥克風的開關，說：「大家好！我是萊斯·布朗，人稱唱片播放大叔，我可是前無古人，後無來者的，因此，我是舉世無雙，天下唯一。我年紀輕輕，單身一人，喜歡和大家在一起傾聽音樂和品味生活。我的能力絕對真實可靠，我一定能夠帶給你們一檔豐富多彩的節目，讓你們滿意的。你們一定會喜歡我的。」

因為有了精心的準備，萊斯·布朗才能如此的從容。他也因此贏得了聽眾和總經理的心，那是一個改變他一生的機遇。從那以後，萊斯·布朗開始了在廣播、演講、電視和政治等多方面成功的職業生涯。

● 微心靈諮商

在我們的日常工作中，每個人都渴望「機遇」，甚至有人把自己的不成功歸結為機遇的不公平。其實機遇在每個人面前出現的機會都是平等的，關鍵是機遇來臨時你是否做好了把握機遇的準備。在我們的工作和學習中，我們只需比別人多想一步，多做一點，靠扎扎實實的累積以及勤奮刻苦的努力，並做好充足的準備，我們就能很好的抓住和把握機會。因此，當你抱怨人生缺少機遇時，應該好好的反思一下你為機遇的來臨都做了哪些準備？

第十章　恪守誠信，人生的心靈契約

1　誠實是至高無上的特質

在西元前兩百五十年左右有位埃及王子即將登基，不過根據律法，登基前必須先結婚。

未來的王后要母儀天下，因此，必須要能讓王子全然信任才行，所以王子聽從智者的建議，召見當地所有年輕女子，打算從中挑選最適合的人選。

一位在宮廷服務多年的女婢聽到消息，感到非常難過，因為她的女兒偷偷的對王子有了好感。她回家後告訴女兒，知道女兒想去試一試，心裡非常恐懼。「女兒啊，你去了又有什麼用？全城最有錢、最漂亮的小姐，全部都會去。我知道你一定很痛苦，不過還是理智一點好。」

女兒回答：「媽，我神智很清楚，我知道不會有幸中選，不過趁這個機會，至少能接近王子一下，這樣我就心滿意足了。」

當天晚上，女兒抵達皇宮時，現場的確佳麗雲集，華服與珠寶令人目不暇接，她們都準備好要把握良機。王子宣布要進行一場競賽，發給每個人一粒種子，六個月後，能種出最美麗花朵的人，就能成為未來的王妃。

女兒把王子給她的種子種在花盆裡。由於她對園藝並不在行，所以費了很多心思準備泥土。她相信，如果花朵能長得和她的愛一樣大，就不用擔心結果如何。

然而三個月之後，花盆裡連芽都沒有長出來。她百般嘗試，也請教過花匠，學過各種各樣的種植方法，卻是一無所獲。儘管她對王子的愛依然真誠，但覺得美夢離她越來越遠。

六個月過去了，她的花盆裡什麼也沒有長出來。儘管如此她還是告訴母親，要依約回到皇宮。她心裡知道，這是最後一次和心愛的人見面了，再怎麼樣也不能錯過這次機會。

眾佳麗回來晉見王子的那天，女孩端著什麼植物也沒有的花盆進入皇宮。她看到其他人的花都長得枝繁葉茂、爭奇鬥妍，花形和顏色都有天南地北之別。

最後一刻終於到了，王子進入宮殿，仔細看了大家培育出來的花朵。看完之後，他有了中意的人選，宣布將迎娶這位婢女的女兒為妻。

其他的小姐憤憤不平，表示他選中的人，根本什麼都沒有培植出來。

王子心平氣和的解釋這次比賽的結果：「這位小姐種出了唯一得以母儀天下的花朵，那就是誠實的花朵。我發下去的種子，全部都是煮過的，再怎麼種也種不出東西。」

微心靈諮商

每個人都知道誠實的可貴，然而在面對利害衝突時，你是否還能做一個誠實的人？謊言可以美麗一時，卻不能美麗一世！誠實做人是一切行為的基礎。只有種下誠實的種子，才能開出美麗的花朵。

2　誠信高於好處

雅利安公司是一家外資企業，它還是美國環球廣告代理公司辦事處，因為業務需要，雅利安公司當時準備招聘四名高級職員，擔任業務部、發展部主任助理，待遇肯定是相當不錯了。競爭也是非常激烈的，憑著良好的資歷和優秀的考試成績，小王榮幸的成為十名複試者中的一員。

雅利安公司的人事部主任大衛先生告訴小王，複試主要是由貝克先生主持。貝克先生是全球聞名的大企業家，從一個小報童慢慢做到美國最大的廣告代理公司董事長、總經理，他的經歷充滿了傳奇色彩。並且，他年齡並不很大，據說只有四十歲上下，是真正的人生勝利組。

聽到這個消息，小王非常的緊張，一連幾天，他從英語口語、廣告業務以及穿戴方面都做了精心準備，以便順利的「推銷自己」。

考試是單獨面試：小王一走進小會客廳，坐在正中沙發上的一個老外便站了起來，他認出來：正是貝克先生。

「是你？！你就是……」貝克先生用流利的中文說出了他的名字，並且快步的走到他的面前，緊緊握住了他的雙手。

「原來是你！我找你找了很長時間了。」貝克先生一臉的驚喜，激動轉過身對在座的另幾位老外嚷道：「先生們，向你們介紹一下：這位就是救我女兒的那位年輕人。」

小王的心狂跳起來，還沒容許他說說話，貝克先生就將小王一把拉到他旁邊的沙發上坐下，說道：「我划船技術太差了，把女兒掉到了湖中，要不是這位年輕人就麻煩了。真抱歉，當時我只顧看女兒了，也沒來得及向你道謝。」

他竭力抑制住心跳，抿抿雙唇，說道：「很抱歉，貝克先生。我以前從未見過您，更沒救過您女兒。」

貝克先生又一把拉住他：「你忘記了？在四月二日，╳╳湖公園，肯定是你！我記得你臉上有顆痣。年輕人，你騙不了我的。」貝克先生一臉的得意。

最後小王站了起來：「貝克先生，我想您肯定弄錯了。我沒有救過您女兒。」他說得很堅決，貝克先生一時愣住了。忽然，他又笑了：「年輕人，我很欣賞你的誠實，我決定：免試了。」

幾天後，小王幸運成為雅利安公司的一名職員。有一次，小王和大衛先生閒聊，他問大衛：「救貝克先生女兒的那位年輕人找到了嗎？」

「貝克先生的女兒？」大衛先生一時沒反應過來，接著大衛先生大笑起來，「他女兒？有七個人因為他女兒被淘汰了。其實，貝克先生根本沒有女兒。」

● 微心靈諮商

也許你是一個誠實的人，但生活中的一次謊言很可能讓你得到很大的利益，甚至光明的前途，你是不是還能夠一如既往呢？謊言的收穫只是一次，而拆穿的結果會使你失去一生的信譽。永遠不要忘記誠實的做人原則。不管什麼時候都要誠實，它會給你帶來好運。

3 誠信改變命運

曾經有一個勇敢的年輕人。他做了一些觸犯暴君奧尼修斯的事。他被投進了監獄，即將被處死。年輕人對奧尼修斯說：「我只有一個請求，請讓我回家一趟，向我的親人告別，然後我一定回來服法。」

暴君聽後，哈哈一笑說道：「我哪裡知道你會不會遵守諾言，說不定你只是想騙我，想逃命而已。」

暴君剛說完，就又有一個年輕人說道：「國王陛下，既然這樣的話，那就把我關進監獄吧，讓我來替換我的朋友，讓他回家鄉看看，將事情都料理完，在向朋友們告個別。我相信他一定會回來的，因為我對他非常的了解，他是一個從不失信的人。如果他沒能在您規定的時間內回來，那我願意替他死。」

暴君感到非常的驚訝，居然有人為了這樣的事而自告奮勇。於是暴君同意了他的提議，讓年輕人回家了，並下令將他的朋友關進了監獄裡。

時光飛逝，一轉眼，處決的日子就要到了，可是年輕人還沒有回來。暴君命令士兵對年輕人的朋友進行嚴格的看守，以防止其跑掉。可是年輕人的朋友並沒有要逃走的打算。他始終堅信他的朋友是一個誠實而守信的人。他說：「如果我的朋友不能按時的回來，那也不是他的錯，他一定是遇到了一些迫不得已的事情，受到了阻礙才不能按時回來。」

行刑的日子終於到了。年輕人的朋友已經做好了死的準備。但他對朋友的信任始終堅信不疑。他說：「替值得自己信任的朋友去死，我一點也不感到悲傷。」就在獄卒剛要帶他去刑場的時候，年輕人出現在了門口。由於暴風驟雨和船擱淺使他耽擱了很長時間。他一直擔心自己會來得太晚，而使朋友喪命。他向朋友道歉並致意，然後回到了獄中。年輕人非常的高興，因為他終於準時的回來了，而沒有連累朋友。

暴君奧尼修斯被他們的真誠和守信所感動了，也因此而看到了人與人之間的美德。他認為，像年輕人和他的朋友這樣如此互相信任、互相熱愛的人應該免除懲罰。於是，奧尼修斯就把他們兩個都給放了。

● 微心靈諮商

誠信是一種美德，任何人都會為真誠守信所感動。它可以讓你獲得最真摯的友情。在關鍵時刻，朋友可以為你挺身而出，來幫助你，同時別人也會為此而感動，甚至還會因此而改變你的命運。所以真誠待人會讓你得到意想不到的結果。

4 待人真誠，擁有快樂

在一條水流湍急的河流上有一座高高的吊橋，橋上站著一個人。他點燃了最後一支菸，因為他馬上就要離開這個人世了。

他曾經是那麼的富有，現在卻連一條生路都沒有了。他做過很多的嘗試，各式各樣的都有。例如曾經著重於享受，四處遊蕩，尋求刺激，不僅酗酒，而且吸毒。如今的他遭受到了最後的致命打擊，他離婚了。沒有一個女人能夠容忍他超過一個月，因為他從不付出，但要求還特別的多，只有河水才是他最好的歸宿。

就在這個時候，有一個流浪漢走到了他的身旁。流浪漢穿著破爛，看到他站在黑暗中就過來對他說：「先生您好，請給我一毛錢吧。」

他笑了起來，要一毛錢？一毛錢現在能做什麼？「沒問題，我這裡有一毛錢，老兄，我的錢還不少呢。」他掏出了錢包，「我的錢都在這裡了，全都拿去吧。」錢包裡一共有一百多元，他全部拿出來，塞給了流浪漢。

流浪漢問他：「你這是做什麼？」

他回答道：「沒什麼，因為我要去的地方，用不到這種東西。」說著向下看了看那湍急的河水。

流浪漢看著手中的錢，靜靜的站在那裡，顯得有些不知所措。然後對他說：「不行先生，我不能這樣做，我雖然是個乞丐，但我並不是懦夫，我也不會要懦夫的錢。帶著你的髒錢一起跳河吧。」說著將錢向河裡丟去，一張張隨風飄動，四處飄散，慢慢的落到了黑漆漆的河水裡。流浪漢轉身走了，在走的同時說了一句：「懦夫，再見。」

想要自我結束自己生命的富翁這時如夢初醒，他突然希望流浪漢能夠得到那些被丟掉的錢。他以前從來都沒有付出過，現在他嘗試過了，突然感覺付出能夠使自己快樂。

然後，他看了最後一眼河水，然後離開了那座橋，向著流浪漢走的方向走去，去追趕前面的流浪漢……

● 微心靈諮商

做人要懂得付出，付出就有回報，真誠的付出能讓你收穫快樂。心底無私天自寬，一個心裡只有自己的人，只會將路走得越來越遠，直到陷入絕境為止。對人真誠的人才能體會到生活的意義。真誠付出愛心的人才能真正的擁有一片屬於自己的快樂天空。

5 讓世界充滿愛

一九二一年，路易士·勞斯出任星星監獄的監獄長，那是當時最難管的監獄。可是二十年後路易士·勞斯退休的時候，這座監獄卻成為了一所提供人道主義的機構。研究報告將功勞全都歸功於路易士·勞斯，當他被問到該監獄改觀的根本原因是什麼時，他說：「這都是因為我早已過世的妻子——凱薩琳，她就埋在這座監獄的外面。」

凱薩琳是三個孩子的母親。當年，路易士·勞斯剛成為監獄獄長的時候，每個人都警告她千萬不可踏進監獄，但這些話攔不住凱薩琳！第一次舉辦監獄籃球賽時，她帶著三個開愛的孩子走進籃球館，與服刑人員坐在一起。她的態度是：「我要與丈夫一道關照這些人，我相信他們也會關注我，我不必擔心什麼！」

一名被定有謀殺罪的犯人眼睛瞎了，凱薩琳知道後便前去探望。她握住犯人的手問：「你學過電子閱讀法嗎？」

犯人聽得一頭霧水，忙問道：「什麼是『電子閱讀法』？」

於是凱薩琳便開始教他閱讀。多年過後，這個犯人在每次想起她的時候都會忍不住流下淚來。

凱薩琳在監獄中遇到了一個聾啞人，結果她自己到學校去學習手語。許多人都說她是救世主耶穌的化身。在一九二一年至一九三七年之間，她經常會來星星監獄造訪。

後來，凱薩琳在一樁交通事故中意外去世。第二天路易士·勞斯沒有上班，代理獄長代替他的工作。消息似乎立刻傳遍了整座監獄，大家都知道出了事。接下來的一天，凱薩琳的屍體被放在棺材裡運回了家，她家距離監獄很近，只有三公里左右的路程。

代理獄長早晨散步時驚愕的發現，一大群最凶悍、看來最冷酷的囚犯，竟如同牲口般齊集在監獄大門口。

他走進去看，見有些人臉上竟帶著悲哀和難過的眼淚。他知道這些人全愛凱薩琳，於是轉身對他們說：「好了各位，你們可以去，只要今晚記得回來報到。」然後他打開監獄的大門，讓一大隊囚犯走出去，在沒有守衛的情形之下，走三公里路去看凱薩琳最後一面。

結果，當晚所有服刑人員都無一例外回來報到。感化於凱薩琳的愛心，感謝代監獄長的信任，為世界增添了這感人的一幕。

● 微心靈諮商

也許你只是一個個體，一個平凡的人，但不要忽視自己對周圍人的影響力，你的愛心和真誠的關懷，一定會給這個世界帶來祥和。即使僅是一點點的亮光，也能給冰封的心帶來溫暖，給黑暗中的靈魂帶來光明。用自己愛心的力量去影響別人，世界就會和諧。

6 不同的態度，不同的未來

有個生活貧困潦倒的推銷員，每天都埋怨自己的「懷才不遇」，認為自己總是被命運捉弄。耶誕節的前一天晚上，家家戶戶都張燈結綵，佳節的熱鬧氣氛充斥著每一個家庭。他坐在公園裡的一張長椅上，開始回顧過去。去年的今天，也是他一個人，以醉酒度過他的耶誕節。他沒有新衣服也沒有新鞋子，更沒有新車子和新房子。

他一邊準備脫下自己的那雙舊鞋子時，一邊說：「唉！今年我又要穿著這雙舊鞋子度過聖誕了！」就在這個時候，他突然看見一個年輕人自己滑著輪椅從他身邊走過。他頓悟：「他連穿鞋子的機會都沒有，我有鞋子穿是多麼幸運的一件事啊！」

在之後的日子裡，推銷員都是心平氣和的去做每一件事，珍惜機會，發憤圖強，力爭上游。幾年之後，他終於改變了自己的生活，他成為了一個百萬富翁。

我們向四周看一看，你會發現社會上有很多天生殘疾的人，他們從不埋怨上天對他們不公平。他們對生活充滿信心，自立自強，並在眾人之中脫穎而出，成為有用的人才。有時想想我們自己都會覺得很慚愧。我們生來五官端正，手腳健全，卻總是厭倦生活、厭倦人生，抱怨同事，對自己的工作感到不滿……不知不覺間陷入了幽暗的胡同。

或許我們對陷入幽暗的人生胡同之後會感覺到可怕，但更可怕的是，當你陷入了這種危險的境地之後，你卻一點也不知道。

在美國有這樣一對孿生兄弟，弟弟是紐約的一名頂尖會計師，而哥哥卻是監獄裡的一個囚徒。

生長在同一個糟糕環境裡的一對孿生兄弟，為什麼一個成了成功人士，而另一個卻成了囚徒呢？一位記者對此感到很奇怪，於是這位記者就去採訪當會計的弟弟，問他是什麼讓他成為了這麼棒的會計師？

弟弟回答道：「我家住在貧民區，我小的時候父親不務正業，既賭博又酗酒，每次喝醉酒回到家中就打我媽媽和我兄弟倆；媽媽在我父親的虐待下患上了精神病，我生活在這樣的環境裡，我必須努力才行。」

第二天，記者又去採訪正在監獄服役的哥哥，問他是什麼原因讓他失足的？

哥哥說：「我家住在貧民區，我小的時候父親就不務正業，既賭博又酗酒；媽媽又患上了精神病。你說我從小就生長在這樣的環境裡，不這樣我還能怎樣？」

這位記著回到報社之後感慨萬千，就寫了一篇文章，對此事進行了報導，並在文章的結尾處，這樣寫道：「人不是因為環境而改變的，改變他們命運的是對生活的態度以及對逆境所產生的不同的心態，所以說心態決定命運。」

● 微心靈諮商

同一個人或在相同的環境下不同的人，由於思想的不同，其結果也會有非常大的差別。有一首非常經典的老歌這樣唱道：「天上下著濛濛雨，人家打傘我騎驢，回頭看看還有步行的呀，比上不足比下也有餘……」人生正是如此，任何事情都應該積極樂觀的面對，不能讓我們的人生態度被客觀的因素所左右，自己的生活就應該由自己掌握，不能讓現實將自己打敗。

7　幫別人就是幫自己

從前，有一位挑水夫，他有兩個水桶，分別吊在扁擔的兩頭，但是其中的一個水桶有裂縫，另一個則是完好無損的。每次完好無損的水桶，總能將滿滿的一桶水從溪邊送到主人的家中，但是那只有裂縫的水桶每次到達主人家的時候，漏的只剩下半桶水了。

在這兩年時間裡，挑水夫就這樣每天挑一桶半的水到主人家。破水桶忍受了兩年失敗的痛苦之後，終於忍不住了，在小溪旁對挑水夫說：「我很慚愧，必須向你道歉。在過去的兩年時間，因為水從我這邊一路的漏掉，我只能送半桶水到主人家。因為我的缺陷，使你做了全部的工作，卻只有一半的效果。」挑水夫聽後笑了笑說：「下次我們回主人家的路上，我要你留意路旁盛開的花朵。」

果然，他們走在山坡路上的時候，破水桶的眼前一亮，它看到繽紛的花朵開滿了路的一旁，沐浴在溫暖的陽光之下，這景象讓這個破水桶開心了許多！但是，走到小路的盡頭，它又開始難過了，因為一半的水又在路上漏掉了！破水桶再次向挑水夫進行道歉。

挑水夫說：「你有沒有注意到小路的兩旁，只有你的這一邊有花，而好水桶的那一邊卻沒有開花呢？我知道你有缺陷，因此我善加利用，在你那邊的路旁撒了許多的花種子，每回我從溪邊回來，你就替我澆了一路花！兩年來，主人用這些美麗的花朵裝飾了他的餐桌。如果你不是這個樣子，主人的餐桌上就根本不會有這麼好看的花朵了！」

●微心靈諮商

對於那個破水桶來說，只有誠實才可以做大事。誠實是人們必須遵循的準則，尤其是在這個日益講求誠信的社會，要想有良好的人際關係，事業上有所建樹，品格上的誠實是必不可少的。而對於挑水夫來說，在知人善任，善意做事的同時，也就抓住了機會。其實，生活中很多時候，我們看似在幫助別人，其實最終常常是幫了我們自己。

8 留一隻眼睛給自己

在日本的歷史上曾經有兩位偉大的劍客，一位是宮本武藏，另一位是柳生又壽郎，而柳生又壽郎是宮本武藏的徒弟。

柳生又壽郎由於年少荒嬉，不肯接受父親的教導專心習劍，最後被父親趕出了家門。於是受了刺激的柳生，立誓要成為一名偉大的劍客，於是他獨自一個人跑到一個荒山去見當時最負盛名的宮本武藏，要求拜師學藝。

當他拜見了宮本武藏後，柳生熱切的問道：「假如我努力的學習，需要多少年才能成為一流的劍客？」

武藏說：「你的全部餘生！」

「我不能等那麼久，」柳生更急切說：「只要你肯教我，我願意下任何苦功去達成目的，甚至當你的僕人跟隨你。那需要多久的時間？」

「那，如果這樣的話，也許需要十年。」宮本武藏說。

柳生一聽更著急了：「哎呀！我的家父年事已高，我要在他生前就看見我成為一流的劍客。十年的時候太久了，如果我加倍努力學習需時多久？」

「嗯，那也許要三十年。」武藏緩緩的說到。

柳生急得快哭出來了，說：「如果我不惜任何苦功，日以繼夜的練劍，需要多少時間？」

「哦，那可能需要七十年。」武藏說：「或者這輩子再也沒希望成為一個好的劍客了。」

此時，柳生心裡產生了一個很大的疑問：「這怎麼說呀？為什麼我越努力，而成為第一流的劍客的時間卻越長呢？」

「因為你的眼睛全都盯在了第一流的劍客，哪裡還有眼睛來看你自己呢？」武藏平和的說：「第一流劍客的首要條件，就是永遠保留一隻眼睛能夠看到自己。」

柳生眼中的第一流劍客，對你而言代表什麼呢？是權位？是金錢？還是哪些目標或理想？第一流劍客對你的組織而言又代表什麼？賺錢？擁有關鍵的地位？還是服務社會，實踐終極關懷？

是什麼原因讓宮本武藏說，不惜任何苦功日以繼夜拼命練劍，反而無法成為第一流劍客呢？而成為第一流劍客的先決條件，就是永遠保留一隻眼睛看自己，宮本說的是什麼意思呢？要看自己什麼樣的內容呢？

● 微心靈諮商

在工作與生活中，全球快速變化、快速傳播的資訊洪流，促使每個人也莫不是汲汲營營的追求新知，唯恐不學無以活到老；可是在夜深人靜時，卻又迷惘於我是誰？我在追求什麼？這樣追求的生活是我的理想人生嗎？因而久久不能成眠。

這些現象莫非也是眼睛全都盯著第一流的劍客，哪裡還有眼睛看自己了呢？或許，是該用一隻眼睛看自己的時候了。什麼使你不惜任何苦功，日以繼夜拼命的「練劍」？那背後的心才至關重要啊！當你在成功與失敗之間掙扎時，是不是已經忘記了什麼才是人生之本？

9 誠信時刻與我們同在

全球的金融海嘯引發了一系列的米諾骨牌效應，而這一效應的結果也落到了他的頭上。

他是王教授眾多得意門生中的一個，他的就業事蹟及工作照片上了學校各類海報。短短三年的時間，他從一名小職員，做到了一家船務公司的執行董事兼總經理。在此期間，他說：「王老師，不是我在公司待不下去，而是大潮之下，誰人都無法抵擋。」他遞交辭職報告的時候，董事長再三挽留，但黯淡的前景，無法讓他選擇留下。他想出來闖一闖，做些自己的事情。

王教授問他：「你接觸的人多，見的世面廣，這些年，你印象最深的是什麼呢？」他說：「一百美元。」接著，他給王教授講了一個一百美元的故事。

前幾個月，他接待了一艘來自美國波士頓的船，彼得跟的正是這船。這個美國小夥子，和他一樣，剛剛畢業沒有幾年，算是一個新手。他在船務公司結交來自全球各地的人可以說是不計其數，歐美的生意夥伴，公私是相當分明的，就算是情義深厚的朋友，但是涉及到花費的時候，都是公平的「AA制」。

有一次，彼得請他吃飯，外加在酒吧喝酒，當時一共花掉了七八百美元，但是最後掏錢的時候硬是沒讓他掏一分錢。醉意之中，他覺得這個美國小夥子，很談得來，夠哥們義氣。

後來，他一直忙公司的事，想回請的時候，彼得的船已經裝卸完畢，準備啟航回國了。他追到碼頭的時候，公司財務經理也追了過來，對著站在甲板上的彼得高喊：「彼得，您少交了一百美元。」作為主管，他攔住了財務經理，對他說：「算了，這個錢我來付！」他對著漸行漸遠的貨輪，對著彼得喊：「歡迎再來，我請你喝酒！」彼得一邊揮手，嘴巴一張一張的，卻不知他在說什麼。

這時，彼得返回艙內，用衛星電話，與他聯繫起來。

彼得說：「LULU，對不起，我想起來，我少給了一百美元，請你原諒，回國後，我一定匯款到你公司帳戶。」

LULU，是他的英文名。他說：「不用了，我代你補齊就行了。沒事的。」

彼得說：「這不行，這錢我一定會匯過來。你放心好了。與你喝酒，我很開心，期待下次見面。」

返回公司，他自己掏出一百美元墊上。之後，他辭職離開公司，到大城市考察市場，為未來尋找機遇。

到了大城市，有一天，他接到彼得從波士頓打來的電話：「LULU，終於打通你的電話了，找到你真不容易啊。快告訴我，你的銀行帳號，我要將那一百美元匯款給你。」原來，彼得已將一百美元匯款到公司帳戶上，但是，因為他將這欠帳補款了，公司又給退了回去。彼得又透過多種途徑，才找到他現在的手機號碼，並執意要將錢匯過來。

真的是婉拒不了，彼得太執著、太認真了。這麼來回折騰，光是國際匯款手續費，也快到一百美元了呀。

酒過三巡，故事也講完了。王教授的學生 LULU 說：「彼得顯露出了生意人應有的秉性，哪怕經濟危機當頭，也不丟誠信；哪怕私交再好，情歸情，錢歸錢，涇渭分明。」

在人們看來，這一百美元，不僅僅是生意上的誠信，更應該是全球金融危機之下，點亮春天的火把，是為擺脫困境而燃起的希望吧。

誠信，是生意場上最耀眼的鑽石，是烏雲之上光照天下的太陽，更是我們擺脫危機、安身立命的法寶啊。

● **微心靈諮商**

二十一世紀是充滿挑戰和希望的時代，我們作為新世紀的青年，應該將誠信的旗幟高高掛起，做誠信人，辨誠信事。在人生與風浪的洗禮中，讓誠信與我們的心靈同在，讓誠信與我們的社會同在，讓誠信與我們的世界同在！

10　誠信比金錢更重要

有一位女士在一家百貨商場逛街，在進口處有兩隻鞋子，旁邊的牌子上寫道：「超級特價，只付一折即可穿回」。她拿起鞋子一看，原價七十美元的紅色高跟鞋現在只需要七美元，這簡直是讓人難以置信。她試了試覺得皮軟質輕，實在是完美無瑕，她真是高興壞了。

她把鞋捧在胸前，然後趕緊招呼服務小姐，服務小姐笑瞇瞇的走過來：「您好！您喜歡這雙鞋？正好配您的紅外套。她伸出手說：「能不能再讓我看一下。」她把鞋交給服務小姐，不禁擔心的問：「有什麼問題嗎？是價格不對嗎？」

那位服務小姐趕緊安慰說：「不！不！別擔心，我只是要確認一下是不是那兩隻鞋。嗯，確實是！」

「什麼叫兩隻鞋，明明是一雙啊！」她迷惑不解的問。

那位誠實的小姐說：「既然您這麼中意，而且打算買了，我一定要把實情告訴您。」服務小姐開始解釋：「非常抱歉！我必須讓您明白，它真的不是本來的同一雙鞋，而是相同材質，尺寸一樣，款式也相近的兩隻鞋，雖然顏色幾乎一樣，但是還有一點差別的，我們也不知道是否以前賣錯了，或是顧客弄錯了，剩下的左、右兩隻正好能夠湊成一對，我們是不能欺騙顧客，免得您回去以後發現真相而後悔，責怪我們欺騙您，如果您現在知道了而放棄，您可以再選別的鞋子！」

這麼真誠的一番話，哪能不讓人心軟啊！何況，穿鞋走路，又不是讓人蹲下仔細對比兩邊的顏色。她心裡越想越得意，除了下定決心買那「兩隻」外，不知不覺又買了兩雙鞋。

現在已經過了很多年，這兩隻鞋仍是她的最愛。當朋友們誇讚她那雙鞋漂亮的時候，她總是不厭其煩的訴說那個動人的故事。唯一的後遺症是每次她到那家公司時，總要抽空到那家百貨公司買幾雙鞋回家。

● **微心靈諮商**

你的誠心很可能讓你失去一些東西，但那只是暫時的，換來的卻是比金錢更重要的東西，這個東西就是信任。請不要為自己的誠信後悔，誠信是人與人之間最牢固的紐帶，它最終會為你贏得更多意想不到的收穫。

11 誠信是人生重要的資本

年輕、財富、學識、友誼，毫無疑問都是人生的資本，但這些都不是人生最重要的。人生最重要的資本是信用。信用是一種彼此的約定，是一種具有約束力的心靈契約。儘管它無體無形，但卻比任何法律條文更具震撼力和約束力。一個沒有信用的人，要想躋身成功者的行列，可以肯定是不可能的。

那些流芳百世、聞名世界的成功者，都是以自己的信用贏得了別人尊重的人。因為，信用是高尚品格的象徵。

西元前四世紀的義大利，有一個名叫皮斯阿司的年輕人觸犯了國王，被判絞刑，幾天後在特定的日子中將被處死。皮斯阿司是個孝子，在臨死之前，他希望能與遠在百里之外的母親見最後一面，以表達他對母親的歉意，因為他不能為母親養老送終了。他的這一要求被告知了國王。國王被他的孝心所感動，允許他回家，但是他必須為自己找個替身，暫時替他坐牢。這是一個看似簡單其實近乎不可能實現的條件。有誰肯冒著被殺頭的危險替別人坐牢，這豈不是自尋死路。但，茫茫人海，就有人不怕死，而且真的願意替別人坐牢，他就是皮斯阿司的朋友達蒙。

達蒙住進牢房以後，皮斯阿司回家與母親訣別。人們都靜靜的看著事態的發展。日子一天天的過去了，皮斯阿司還沒有回來，眼看刑期就快到了。人們一時間議論紛紛，都說達蒙上了皮斯阿司的當。行刑日是個雨天，當達蒙被押赴刑場之時，圍觀的人都在笑他的愚蠢，幸災樂禍的也大有人在。刑車上的達蒙面無懼色，慷慨赴死。

追魂炮被點燃了，絞索也已經掛在達蒙的脖子上。膽小的人都嚇得緊閉了雙眼，他們在內心深處為達蒙深深惋惜，並痛恨那個出賣朋友的小人皮斯阿司。但就在這千鈞一髮之際，在淋漓的風雨中，皮斯阿司飛奔而來，他高喊著：「我回來了！我回來了！」

這一幕太感人了，許多人都還以為自己是在夢中。這個消息宛如長了翅膀，很快便傳到了國王的耳中。國王聞聽此言，也以為這是謊言。他親自趕到刑場，要親眼看一看自己優秀的子民。最終，國王萬分喜悅的為皮斯阿司鬆了綁，並親口赦免了他的刑罰。

在赦免的現場，國王當眾宣布了自己要以信用立國，以信用治天下的政令，並宣布任命皮斯阿司為司法大臣，任命達蒙為禮儀大臣，協助國王治理國家。國王說，他為自己的國家有這樣的子民感到高興，為自己的國家有這樣信用和義氣的子民感到自豪。他相信，他們兩個人一定會輔助他把國家治理成信用禮儀之邦。

事實上，正是這兩個人在擔任了大臣以後，以誠信治天下，使義大利走向了歷史最輝煌的全盛時代。

這就是信用的力量。無論一個人，還是一個組織，一個國家，當信用成為安身立命的尺度之後，就可以改變成敗，就可以創造歷史了。

● 微心靈諮商

現在的社會上都在提倡誠信，可見誠信對於一個人，一個企業，一個國家來說是多麼的重要。誠信是一個人最寶貴的品格，一個人有沒有能力沒有關係，最重要的是能夠有一個誠實守信的好特質。

電子書購買

國家圖書館出版品預行編目資料

不遺憾的力量：堅強鼓起勇氣，堅持突破阻礙，堅定面對挑戰！ / 蔣文正 著 . -- 第一版 . -- 臺北市 : 財經錢線文化事業有限公司 , 2022.12
面；　公分
POD 版
ISBN 978-957-680-563-9(平裝)
1.CST: 成功法
177.2　　111019231

不遺憾的力量：堅強鼓起勇氣，堅持突破阻礙，堅定面對挑戰！

臉書

作　　者：蔣文正
發 行 人：黃振庭
出 版 者：財經錢線文化事業有限公司
發 行 者：財經錢線文化事業有限公司
E-mail：sonbookservice@gmail.com
粉 絲 頁：https://www.facebook.com/sonbookss/
網　　址：https://sonbook.net/
地　　址：台北市中正區重慶南路一段六十一號八樓 815 室
Rm. 815, 8F., No.61, Sec. 1, Chongqing S. Rd., Zhongzheng Dist., Taipei City 100, Taiwan
電　　話：(02) 2370-3310　　傳　　真：(02) 2388-1990
印　　刷：京峯彩色印刷有限公司（京峰數位）
律師顧問：廣華律師事務所 張珮琦律師

定　　價：350 元
發行日期：2022 年 12 月第一版
◎本書以 POD 印製